사명
너를 향한 하나님의
빅 픽처

사명
너를 향한 하나님의
빅 픽처

ⓒ 생명의말씀사 2018

2018년 8월 24일 1판 1쇄 발행
2021년 4월 2일   3쇄 발행

펴낸이 | 김창영
펴낸곳 | 생명의말씀사

등록 | 1962. 1. 10. No.300-1962-1
주소 | 서울시 종로구 경희궁1길 6 (03176)
전화 | 02)738-6555(본사) · 02)3159-7979(영업)
팩스 | 02)739-3824(본사) · 080-022-8585(영업)

지은이 | 최윤식

기획편집 | 유선영, 서정희, 김귀옥
디자인 | 김혜진
인쇄 | 영진문원
제본 | 정문바인텍

ISBN 978-89-04-23019-8 (03230)

저작권자의 허락없이 이 책의 일부 또는 전체를
무단 복제, 전재, 발췌하면 저작권법에 의해 처벌을 받습니다.

사명
너를 향한 하나님의
빅 픽처

GOD'S CALLING,
HIS BIG PICTURE
FOR YOU

프롤로그

나의 삶이 하나님의 큰 그림 속에서 흘러간다는 것은 말할 수 없는 축복이며 특권입니다.

하나님이 어떤 분이신지를 안다면 말입니다.

십대 시절, 하나님을 만나는 일은 그래서 너무나 중요하답니다.

우리가 일상에서 하나님을 만나는 방법은 자기인식, 사명, 사랑을 통해서 가능합니다.

먼저, 자기인식은 "내가 누구인가?"라는 질문에 대한 답입니다. 우리의 정체성을 확증해주는 일이자 인생의 출발점이라 할 수 있지요.

미운 오리 새끼인 줄 알았더니 우아한 백조의 혈통이었다는 사실을 마주했을 때 주인공의 마음과 삶이 엄청난 변화를 일으킨 이야기가 단지 동화 속에만 있는 건 아니지요.

내가 구원 받은 하나님의 자녀라는 자기인식이 선명해지는 순간, 그 특별함이 주는 은혜는 삶의 방향을 바꿀 만큼 엄청난 힘을 발휘합니다.

요한복음 3장에서 니고데모에게 거듭남(새로 태어남)과 하나님의 자녀 됨은 예수님을 믿음에서 나오고, 예수 믿는 일은 성령에 의해서만 이루어진다고 알려주셨습니다.

마태복음 16:17절에서도 주를 그리스도요 살아 계신 하나님의 아들이라고 고백한 베드로에게 예수님께서는 "바요나 시몬아 네가 복이 있도다 이를 네게 알게 한 이는 혈육이 아니요 하늘에 계신 내 아버지시니라"고 알려 주셨습니다. 하나님은 피와 살을 가지지 않기 때문에 눈에 보이지 않습니다. 성령이 주신 믿음으로만 보고 만날 수 있습니다. 구원은 다시 태어남과 신분에 중요한 사건입니다.

하나님을 일상에서 만나는 두 번째 방법은 사명을 발견하는 것입니다.

사명이란 구원받고 신분에 변화를 얻은 사람만 가질 수 있는 특권입니다. 사명이란 "하나님께서 가치 있게 여기시는 시대적 소명"이기 때문입니다. 하나님에서부터 나온 것이 사명입니다. 하나님에게만 평가받는 것이 사명입니다. 또한 하나님이 나를 보낸 이 시대에 나에게 주신 재능을 통해서 이루시고자 하시는 계획입니다.

요셉을 기억해 보세요. 하나님은 요셉을 애굽에 보내셨습니다. 그리고 우리를 한국에 보내셨습니다. 세계화된 시대에 보내셨습니다. 하나님은 요셉에게 고난을 주셨지만, 이를 통해 하나님의 계획을 준비시켰습니다.

요셉은 (전도도 했겠지만) 애굽에서 자신의 재능을 가지고 총리로서 나라와 민족을 위한 일을 했습니다. 7년의 풍년과 7년의 흉년 기간에 하나님이 주신 지혜를 가지고 나라를 통치했습니다. 가난한 사람을 구했습니다. 그리고 이런 일은 자연스럽게 이스라엘 민족이 애굽에서 장성하여 출애굽 후에 나라를 건설하는 하나님의 큰 그림에 꼭 필요한 것이 되었습니다. 하나님은 사명을 통해 여러분을 하나님의 큰 그림에 사용하십니다.

GOD'S CALLING, HIS BIG PICTURE FOR YOU

하나님이 여러분에게 주신 시대적 소명은 무엇일까요? 이 책을 통해 고민하고 찾아보세요.

하나님을 일상에서 만나는 세 번째 방법은 사랑입니다.
하나님은 3가지 사랑을 원하십니다.
첫째는 하나님 사랑입니다.
요한일서 4장 16절에는 이렇게 말합니다.

하나님이 우리를 사랑하시는 사랑을 우리가 알고 믿었노니 하나님은 사랑이시라 사랑 안에 거하는 자는 하나님 안에 거하고 하나님도 그의 안에 거하시느니라

둘째는 이웃 사랑입니다.
마지막은 나 자신을 사랑하는 것입니다. 요한일서 4장 12절에는

이렇게 말합니다.

> 어느 때나 하나님을 본 사람이 없으되 만일 우리가 서로 사랑하면 하나님이 우리 안에 거하시고 그의 사랑이 우리 안에 온전히 이루어지느니라

이 세 가지 사랑을 매일 실천할 때 우리는 하나님의 자녀라 인정받습니다. 하나님과 이웃과 내 자신을 사랑하는 방법은 하나님, 이웃, 내 자신에게 하나님께서 가치 있게 여기시는 일, 즉 내게 주어진 사명을 실천하는 것입니다. 이것이 사명이 구원받은 이후 우리 인생에서 중요한 이유입니다.

여러분이 현재 지나고 있는 청소년기는 자아가 형성되고 미래에 대한 고민을 시작할 때입니다. 스스로 "나는 누구인가?", "(구원받은 이후) 내가 해야 할 일은 무엇인가?", "하나님, 이웃, 내 자신을 어떻게

GOD'S CALLING, HIS BIG PICTURE FOR YOU

사랑할 것인가?"를 질문하고 답을 찾을 때입니다. 부디, 아비의 마음으로 내 아이에게 말하듯 친근한 말투로 써내려간 이 편지가 여러분에게 그 답을 찾게 해주기를 바랍니다.

미국 캘리포니아에서
전문 미래학자(Professional Futurist)
최 윤 식

CONTENTS

프롤로그 .4

1 Why 사명일까?

01 우리가 살아갈 미래의 모습 .15
인공지능 세상이 가져올 미래
특별한 해답이 필요해

02 미래 크리스천에게 필요한 세 가지 무기 .29
믿음, 통찰력, 사명
기회를 놓치지 않았던 요셉
나의 존재와 역할

03 사명은 대체 뭘까? .41
특권을 누리는 삶
나를 향한 하나님의 계획
걱정과 염려의 대상 바꾸기
어부 베드로가 사명을 받은 날
실패자에게도 사명을 주신다
사람을 살게 하는 힘, 그것이 사명
선택이 아닌 필수
나를 위한 하나님의 뜻과 계획을 알고 싶다면

2

What 사명을 발견하는 방법

04 하나님이 가치 있게 여기시는 일을 찾아라 . 81
- 하나님이 사람을 세우시는 5단계 과정
- 하나님을 만난다는 것
- 사명을 발견하도록 돕는 세 가지 질문
- 하나님의 가치관 '내 마음에 저장!'
- 하나님은 무엇에 가치를 두실까?
- 배고플 때 먹여주는 것

05 사명자는 자기 시대를 통찰할 수 있어야 한다 . 109
- 시대의 변화를 꿰뚫어보는 힘, 통찰력
- 하나님이 주신 선물
- 내가 사는 시대의 변화 읽기
- 나만의 미래 지도 만들기

06 소명이 무엇인지 발견하고 훈련하라 . 127
- 내가 여기에 태어난 이유

3

How 사명자 되기 실전 매뉴얼

07 사명 스케치 – 나를 이해하기 . 135
08 사명 디자인 – 하나님 앞에 머무르기 . 141
09 사명 훈련 – 스펙 쌓기 아닌 마음을 쓰는 능력 기르기 . 147
10 사명 재생산 – 사명이 또 다른 사명을 낳고 . 151

PART. 1

Why 사명일까?

우리가 살아갈 미래의 모습
미래 크리스천에게 필요한 세 가지 무기
사명은 대체 뭘까?

_____

GOD'S CALLING,
HIS BIG PICTURE
FOR YOU

GOD'S CALLING,
HIS BIG PICTURE
FOR YOU

01

우리가 살아갈 미래의 모습

　모든 이야기를 하기 전에 가장 먼저 '미래'에 대해 이야기하고 싶구나! 네가 살아갈 미래는 이 아빠에게도 너무나 중요하거든. 네가 상상하는 미래는 어떤 모습이니? 네가 좋아하는 영화나 만화를 보며 한번쯤 그려봤을 법도 한데… 어른들이 너에게 미래에 대해 물을 때마다 경쟁에 지친 너는 아마도 "우리에게 '미래'라고 할 만한 것이 있기는 한가요?"라고 되물을지도 모르겠다. 그만큼 네가 살아갈 미래가 불확실한 것이 사실이니까.

　네게는 당장 학업과 진학이 고민이겠지만 머지않아 네가 20대부터 맞닥뜨려 평생을 안고 가야 할 일자리 문제가 지금 대한민국에선 가장 큰 문제라는 것을 너도 모르지는 않을 거야.

　물론 정부가 열심히 대책을 마련하고 우리나라가 지금보다 좀 더 잘살게 되면 일자리가 눈에 띄게 늘어날 수 있을지도 모르겠다. 그런데 이 또한 확실한 건 아니야. 만일 우리나라의 1인당 GDP가 4만 달러 이상이 되면 전 국민이 일자리 걱정을 하지 않는 미래가 만들어질까? 아빠가 예상하는 답은 '그렇지 않다'는 거야.

너는 경험하지 못해서 잘 모르겠지만 1998년 우리나라에 *IMF 구제금융 위기라는 큰 어려움이 있었어. 나라 전체가 위기라고 해도 과언이 아니었던 그 시기를 우리는 잘 이겨내고 20년 가까이 성장했단다. 덕분에 한국 경제의 규모도 커졌고, IT전자를 선두로 각 분야에서 세계와 경쟁하면서 매우 발전한 것이 사실이야. 그런데 아이러니하게도 좋은 일자리는 크게 늘지 않았고, 비정규직과 아르바이트, 일용직 같은 불안정한 일자리만 늘게 되었어. 특히 심각한 것은 수년에서 10년 내에 마주하게 될 청년 일자리 문제야. 어쩌면 너도 피해갈 수 없는 위기일지 모르지. 아빠가 알기로 2016년 청년실업률은 12.5%로 치솟아 사상 최고치를 기록했다고 하더구나.

실상은 더 심각할 거야. 우리나라는 대학 진학률이 80%를 넘지만 일을 할 수 있는 연령인 15-24세의 상당수는 고등학교, 대학교, 혹은 군대에 있거든. 심지어 대학을 휴학하는 등 졸업을 미루는 젊은 이들도 있는데, 이들은 청년 실업률에 포함되지 않았어. 아예 구직을 포기한 사람들, 이른바 취준생(취업준비생)으로 분류되는 이들까지

감안하면 청년 체감 실업률은 20%에 달한다는 분석도 있어. 이 수치는 2010년경 나라가 망하다시피 한 그리스의 청년 실업률과 비슷해. 그 즈음 유럽에서 일어난 폭동들의 주요 원인도 청년 실업 문제였거든.

아빠 엄마 세대라고 예외는 아니란다. 우리 때는 지금만큼 취업하기가 막막하고 어렵지는 않았다만, 솔직히 앞으로가 엄마 아빠에게 더 고민이긴 해. 너에게 하소연을 하려는 건 아니고, 앞으로 닥칠 문제가 너만의 문제가 아니라 우리 가족 모두의 일이라는 것을 말해주려는 거야.

부모인 내 입장에서 보면 한참 자녀들의 사교육비와 등록금을 벌고 결혼까지 시켜야 하는 나이인데 은퇴 시기는 점점 빨라지고 있어. 은퇴 후 쓸 만한 일자리를 찾아 재취업을 하기도 쉽지 않고. 엄마 또래의 여성들은 남성들보다 턱없이 낮은 임금을 받고, 자기 재능을 활용한 좋은 일자리는 아예 찾을 수도 없어서 육체노동을 해야 하는 경우가 대부분이야.

너희 세대의 삶이 미래의 불확실성에 대한 염려라면, 엄마 아빠 같은 기성세대의 삶은 염려할 시간조차 없는 현실적 생존의 문제랄까? 한마디로 빈곤의 늪에 빠지지 않기 위한 전쟁 같은 삶인 거지.

이제 2028년까지 1,200-1,300만 명의 1, 2차 *베이비부머(baby boomer. 많은 아기가 태어난 시대. 1차는 1955-1963년생, 2차는 1968-1974년생 정도로 분류)들이 은퇴를 하게 되어 우리 세대에겐 더 치열한 노후가 기다리고 있단다. 아빠도 이런 우울하고 부정적인 얘기들을 미리부터 하고 싶진 않지만 현실을 직시하고 객관적인 정보들을 미리 알고 준비해 나가는 것은 중요하다고 생각해.

아빠의 예측으로 이런 문제는 단기간에 해결되기가 어려워. 앞으로 우리나라는 10년에서 20년 정도 경제적으로 힘든 시기를 지나가야만 할 거야.

한국 기업들의 미래도 바람 앞에 흔들리는 촛불 신세랄까? 한국

경제 성장과 일자리 창출을 이끌었던 제조업 기업은 성장의 한계에 도달했고, 저출산 고령화로 돈을 소비할 인구가 많이 줄어 시장도 위축될 거야. 여기에 더해 로봇과 인공지능 기술이 도입되면 사람이 하던 많은 일들이 사라져서 자칫 '고용 없는 성장' 현상이 오래 이어질 가능성이 커. 우리나라만이 아니라 세계적인 현상이란다. 일본과 미국도 이미 비슷한 일을 경험했거나 통과하는 중이거든.

인공지능 세상이 가져올 미래

이제 변화와 위기의 속도는 점점 더 빨라질 거야. 미래 사회는 더 빠른 속도로 시간과 공간이 압축되어 과거라면 몇 십 년이 걸릴 일들이 단기간에 일어나고 있어. 기업 조직의 생존 기간도 그만큼 단축될 수밖에 없고. 예를 들어 우리 때는 한 가수가 무려 14주 동안 음악 방송 1위를 차지하기도 하고 10년 가까이 연말에 가수왕이 되는 일이 있었거든. 그런데 요즘은 가수는 물론 다른 연예인들도 뜨고 지는 일이 무척 빠르더구나. 기업이나 사회 현상 등도 이처럼 주기가 빨라진다는 뜻이야.

너도 이미 들어서 알고 있겠지만, 앞으로 20년 이내에 현재 직업

중 80%가 사라지거나 단순 반복의 허드렛일이 되고 말 거야. 기계화, 인공지능의 도입으로 주요 직업은 없어지고, 오히려 기계를 돕는 단순 일자리만 늘어나는 거지. 예컨대 무인자동차 시스템이 전반적으로 도입될 경우 택시 기사나 버스 기사는 필요 없어지고, 기계가 운전을 잘할 수 있도록 위성사진의 지도를 정리하는 최저임금 알바 수준의 일자리만 필요하게 되는 식이야. 어떤 분야든지 간에 무엇을 상상하든 그 이상이랄까? 직업 세계의 변화는 이처럼 변화무쌍한데 문제는 우리의 대처가 무기력하다는 거야.

지식과 정보 영역에서의 변화를 살펴보면 이해하기가 더 좋을 거야. 지식과 정보 영역의 변화는 무엇보다 빠르게 일어나고 있어. 스마트폰의 등장으로 사람들이 만들어 내는 정보량이 2010년 이후 급격히 늘어나서 2020년이면 44조 GB에 달할 것으로 예상된다더구나. 이것을 128GB 용량의 태블릿에 저장해 쌓아 올린다면 지구와 달 사이 거리의 6.6배가 되는 양이야. 엄청나지?

그런데 늘어나는 정보량에 비해 개별 지식의 수명은 줄어들고 있어. 특히 실용 지식의 수명 단축이 너무 빨라. 예를 들면 대학 전자공학과 1학년생이 4학년이 되면 1학년 때 배운 내용 중 대부분은 낡은 지식이 돼버린다는 거야. 마치 유용하던 폴더폰이 아직 멀쩡하지만 지금은 쓰기 어려운 것처럼, 제품과 서비스 모두 변화가 빨라서

기업들이 지닌 지식도 3년이면 수명이 다해버리고 말아. 그렇다면 사람이 2-3년 단위로 새로운 기술 지식을 배워야 하는데, 이 속도에 대응하기란 생각처럼 쉽지 않지. 익힐 만하면 새로운 기기가 등장하고, 배워서 활용할 만하면 새 프로그램이나 앱이 나와 또 습득해야 하는 것과 비슷해. 결국 속도를 따라가지 못하면 뒤처질 수밖에 없지 않겠니?

　의료계, 법조계 등의 지식 근로자나 전문인도 예외가 아니야. 바둑 최강 이세돌 9단을 이긴 구글의 '알파고', 미국의 퀴즈쇼 〈제퍼디〉에서 인간을 이긴 IBM의 '왓슨'이 가져올 미래를 상상해봐.

왓슨은 이미 의사가 평생 연구해도 다 갖기 어려운 지식을 몇 개월 만에 습득해 전문의로서 암 환자를 진료하고 있어. 인간 전문의 5명이 입회해서 테스트한 결과 의견이 거의 일치할 정도로 수준급의 진단을 내린다고 하더구나.

이처럼 아무리 전문 지식이라도 반복적인 학습과 정보 검색, 분석으로 가능한 일은 거의 자동화될 것이고 그 분야는 우리의 상상을 초월할 것이 분명해. 10년 후면 지식 근로자들이 가지고 있는 지식의 대부분은 인공지능 컴퓨터가 해결해 줄 테니까.

이 엄청난 속도의 변화에 대비하지 않으면 인공지능이 정말 많은 직업을 집어삼킬 거야. 멀지 않은 미래에 누군가는 미래에 로봇을 닦거나 정비하고 충전하는 일, 로봇이 내린 처방과 레시피에 약을 조제하고 요리하는 일을 하는 모습을 적지 않게 볼 수 있을 거야. 어쩌면 너는 로봇들을 눈앞에서 볼 수 있고 로봇들과 함께 살아가는 신세계가 기대되고 기다려질지도 모르겠다만, 한걸음 더 들어가 생각해볼 때 인간이 주가 되고 인공지능이 보조가 되는 것이 아니라 인공지능이 주가 되고 인간이 보조가 될 수도 있다는 예상은 씁쓸함을 느끼게 하기도 해. 물론 모두가 그렇게 살지는 않겠지만, 알파고와의 바둑 게임에서 보았듯이 로봇의 명령에 따라 바둑판에 돌을 올려놓는 일을 할 사람도 분명 있다는 사실이 암울한 SF 영화의 미래처럼 좀 허탈하지 않니?

넌 아빠는 왜 그리 모든 것을 부정적으로 보냐고 되물을지도 모르지. 나도 모든 걸 그렇게 보는 건 아니야.

정보의 발달과 기계의 장점을 활용하면 인간이 편리해질 수 있고, 기계가 위험한 화재 현장에서 119 소방대원을 대신하는 등 좋아지는 것도 물론 있어. 또한 정보화기기가 저렴해지고 정보의 접근성도 높아질 테고. 첨단 과학기술로 새로운 필요 산업이 생겨나고 새로운 노동력의 틈새시장도 만들어지겠지. 하지만 첨단 과학기술(IT, BT, NT, 인공지능, 로봇 등) 때문에 사라질 고급 일자리가 더 많다는 것을 아빠는 지적하고 싶은 거란다.

특별한 해답이 필요해

나야 10년, 20년 후면 나이가 더 들어서 현장에서 조금 비껴가 있겠지만 너는 아빠가 앞서 말한 미래의 장면들과 정면으로 마주하게 될 텐데, 너를 사랑하는 아빠 입장에서 이런 기술 발달이 장차 네 직업과 삶에 어떤 영향을 미칠지 무척 궁금해지곤 해. 너를 비롯한 네 또래들이 미리 대비하고 그에 맞게 변화하지 못하면 직장을 얻지 못하거나 평균보다 적은 돈을 받고 일해야 할 수도 있으니까.

물론 크리스천인 우리는 세상이 각박해지고 빈익빈 부익부로 양극화되는 것을 조심해야겠지만 그것이 대세이기 때문에 막는 데 한계가 있어. 그래서 어쩔 수 없이 각자가 미래에 대비하는 노력도 함께 해야 할 거야. 해답을 찾고 새로운 전략을 마련하지 않으면 미래 변화의 엄청난 파도에 맥없이 휩쓸려 갈 수 있기 때문이야. 놀라운 미래의 변화는 생각보다 일찍 너희 세대를 찾아갈 거야.

하지만 우리 앞에 흐린 날들만 있지는 않겠지? 창조주 하나님의 걸작품인 인간이 이대로 무너질 리도 없고 말이야. 특별한 해답과 방법을 찾아가야겠지. 아빠도 그렇지만, 유명한 미래학자들 역시 미래를 속속들이 다 예측할 수는 없어. 미래가 벌써부터 다 보인다면 재미없지 않겠니? 그것은 하나님만의 영역일 뿐. 오히려 피조물에 불과한 인간이기에 불투명한 미래가 우리의 호기심과 모험심을 자극하고 도전정신을 끌어낼 수도 있어. 게다가 우리는 미래가 두렵지 않을 만큼 믿는 구석이 있으니까 하나님을 믿는 크리스천으로서 해답을 찾을 수 있을 거야.

GOD'S CALLING,
HIS BIG PICTURE
FOR YOU

02

미래 크리스천에게 필요한
세 가지 무기

믿음, 통찰력, 사명

　미래를 위한 해답을 구할 때 크리스천은 세상 친구들과 달라야 한다고 아빠는 생각해. 다르게 시작하고 다른 곳, 즉 성경에서 해답을 찾고, 하나님께로 눈을 돌리고, 그분을 믿고 의지하는 거지. 감나무 밑에서 입 벌리고 누워 있듯이 무작정 하늘만 쳐다보라는 말이 절대 아니야. 먼저, 온 우주의 주인이 하나님이심을 고백하라는 거야. 하나님을 향한 믿음이야말로 휘몰아치는 미래의 파도 앞에서 두려워하지 않고 중심을 잡을 수 있는 힘이거든.
　하나님의 말씀인 '성경'이 주는 해답이 곧 하나님이 주시는 해답이라고 보면 돼. 구약성경에서 요셉이 위기 앞에서도 흔들림 없이 하나님만 믿고 나아갔던 것처럼, 그래서 미래 이스라엘 민족을 위한 하나님의 큰 그림이 그려졌던 것처럼, 결국은 하나님을 향한 우리의 믿음이 미래를 여는 중요한 열쇠가 될 거야.

믿음 위에 갖추어야 할 크리스천의 필수 역량이 있다면 '통찰력'이란다. 성경은 다가올 고난을 예언하고 경고할 때마다 "깨어 있으라"고 조언하고 있어. 이것은 기도하면서 세상의 변화를 통찰하라는 뜻이라고 보면 될 것 같구나. 세상의 변화를 통찰해야 무엇을 놓고 기

도할 것인지 결정할 수 있을 테니까.

마태복음 24장에서 제자들은 주의 임하심과 세상 끝에 일어날 징조를 예수님께 여쭈었고, 예수님은 "깨어 있으라"는 명령을 해답으로 주셨단다.

> 그러므로 깨어 있으라 어느 날에 너희 주가 임할는지 너희가 알지 못함이니라(마 24:42)

위 말씀은 주님이 오실 때를 아무도 알 수 없으니 깨어 있어야 한다는 뜻이야. 미래를 안다면 그 시간 전에 알람이라도 맞춰 놓으면 되겠지만, 우리의 미래는 불투명하기 때문에 깨어서 관찰하고, 미래를 주관하시는 하나님의 지혜와 도우심을 그때그때 구하지 않으면 안 된단다. 그런 통찰력이 있어야 눈앞에 보이는 사건과 거짓에 속지 않고, 변화의 흐름을 꿰뚫어 보고, 올바른 판단을 할 수 있지 않겠니?

위기의 시대를 헤쳐 나갈 크리스천인 너에게 반드시 필요한 첫째 무기가 믿음이라면, 둘째는 통찰력이라는 것을 꼭 기억해두면 좋겠구나!

그렇다면 셋째 무기는 뭐라고 생각하니?

어쩌면 네게는 어렵게 다가올지도 모르겠다만 바로 '사명'이란다. 사명은 믿음의 눈으로 시대의 변화를 올바로 통찰한 후에, 자신이 할 일을 찾아 지혜롭게 끝마치는 것을 의미해. 믿음과 통찰력 위에 세우는 집 같은 거랄까?

> 너희 안에서 행하시는 이는 하나님이시니 자기의 기쁘신 뜻을 위하여 너희에게 소원을 두고 행하게 하시나니 (빌 2:13)

믿음의 눈과 통찰력으로 세상을 바라보면 너를 향한 하나님의 뜻, 네게 주신 거룩한 '소원'을 알게 된단다. 하나님은 그 거룩한 소원을 따라 네가 끝까지 경주에 임하기를 원하셔. 믿음과 통찰력 위에 사명이라는 아름다운 집 짓는 것을 말이야.

캠핑을 하려면 텐트도 중요하지만 텐트를 단단히 고정시킬 터가 우선 있어야 하지 않겠니? 모래밭이나 물가, 벼랑에 세우면 금세 날아가 버릴 테니까. 사명이라는 텐트도 믿음과 통찰력이라는 든든하고 안정된 바탕 위에 고정시켜야 날아가지 않고 제대로 완성할 수 있어.

앞서 아빠가 성경을 통해 하나님이 해답을 제시해 주신다고 했었지? 실제로 우리에게 미래를 풀어갈 어떤 해답을 제시해 주시는지 알아보도록 하자.

기회를 놓치지 않았던 요셉

요셉의 이야기는 주일학교 때부터 네가 너무나 많이 들었던 얘기지? 아빠는 더 그래. 그런데 같은 내용이라도 내가 어떤 마음, 어떤 관점에서 보느냐에 따라 생각은 달라져. 한 편의 영화를 수십 번 보는 사람들도 있잖아. 요셉이 자신 앞에 다가오는 미래의 위기를 어떻게 풀어나가는지를 중점으로 살펴보도록 하자.

야곱의 아들 요셉은 불과 서른 살에 당시 전 세계를 지배하는 이집트 제국에서 총리 자리에 올랐어. 지금 시대 서른 살에 국무총리가 말이 되니? 그런데 왕을 빼고는 모두를 다스릴 수 있는 최고 권력자의 자리에 요셉이 오른 거야.

'사명'을 말하면 사람들은 대부분 그것이 선택의 문제라고 생각하더구나. 있으면 좋지만 사명이 꼭 없어도 큰 문제는 안 된다고. 그나마 사명을 가장 강조하는 시기도 청년기 정도에 지나지 않아. 아빠도 20대 때는 사명에 대한 말씀을 정말 많이 들었던 것 같아. 그런데 취업하고 결혼하고 너를 낳고 키우면서 삶이 '먹고사는' 문제로 치열해지는 순간, 사명이란 철없던 때 품었던 꿈 정도로 멀어져 가는 기분이 들더구나.

그래서 꿈이니, 비전이니, 사명이니 하는 것들이 사치라고 생각하는 어른들도 상당히 많아. 먹고사는 문제를 핑계로, 사명을 잊고 사는 인생에 대한 문제의식도 없고 부끄러움도 없어. 아빠도 그랬었고. 하지만 사명을 버린 인생은 하나님께 책망을 받는단다. 사명을 버리는 것은 하나님의 사람, 하나님의 백성, 하나님의 자녀답지 못하다는 증거라고 할 수 있으니까.

다시 요셉의 얘기를 해볼까? 요셉은 단순히 형제들의 시기와 질투 때문에 노예로 팔려가는 비극적인 운명을 맞게 돼. 잠시 이집트 보디발 장군의 집에서 유능한 종으로 인정받으며 일했지만, 보디발 아내의 유혹을 거절했다가 누명을 쓰고 오랜 세월 감옥에 갇히고 말았지.

하지만 어둠뿐이던 감옥에서도 그는 하나님을 빛처럼 바라보고 믿었어. 결국 인내하고 견딘 끝에 하나님의 지혜로 감옥에서 나오게 되어 이집트 최고 벼슬까지 오르게 된 거야.

요셉은 노예의 신분이건, 죄수의 신분이건, 총리의 신분이건 어디에서나 한결같이 성실하고 뛰어났으며, 하나님을 신뢰하는 믿음도 놀라웠어. 한마디로 모든 시대의 사람들이 따라야 할 궁극의 롤모델이라고 할 수 있는 사람이지.

창세기 41장 38절에 요셉에 대한 세상의 평가가 기록되어 있는데, 이집트 왕 바로(파라오)는 그의 신하들에게 요셉을 '하나님의 영에 감

동된 사람'이라고 인정했어. 한마디로 '성령 충만한 사람'이라는 뜻이야. 성령 충만은 성령님의 뜻에 온전히 순종하는 상태를 말한단다. 방언하고 쓰러지고 환상을 보는 것이 성령 충만이라고 착각하기 쉬운데 성령 충만은 현상이 아니라 삶으로까지 드러나야 진짜인 거야.

나의 존재와 역할

그러면 왕이 그를 성령 충만한 사람이라고 한 이유를 알아볼까?

요셉은 하나님의 뜻을 아는 사람이었고 세상의 변화를 통찰할 줄 아는 사람이었어. 그리고 위기를 극복할 지혜와 사명감이 있는 사람이었지.

'하나님의 사람'이란 하나님께 속한 사람, 하나님의 영(성령)의 지배 아래 있는 사람이라고 보면 돼. 이와 반대되는 사람은 사탄에 속한, 사탄의 영의 지배 아래 있는 사람인 거지.

하나님께 속하려면 무엇이 필요할까?

대한민국 국민이 되려면 '대한민국 국적'이 있어야 하듯이 하나님의 사람도 천국 국적을 소유해야 하겠지. 따라서 구원받은 사람만이 하나님의 사람이 될 수 있는 거야. 또 정상적인 대한민국 국민이라면 반드시 대한민국 헌법을 지켜야 하고, 교육, 근로, 납세, 병역 등 ※4대 의무를 반드시 지켜야 해. 단순히 법을 지키는 것에 그치는 것이 아니라 국가 안에서 자신의 역할을 감당하는 것이지. 교육을 받아 성장하고, 직업을 갖고 일을 하고, 세금을 내서 국가 발전에 기여하고, 외세로부터 나라를 지키는 그런 역할들 말이야.

대한민국 사람이라고 불리려면 이런 존재와 역할이 중요하다는 뜻이야.

마찬가지로 하나님의 사람도 그 존재와 역할을 다해야 하는데, 하나님 나라의 법을 지키는 것이 그 첫 번째란다. 너도 알겠지만 그 법

이란 하나님을 사랑하고 이웃을 내 몸과 같이 사랑하는 거야. 하나님 사랑의 최대 표현은 예배란다.

둘째는 하나님 나라에서 자신의 역할을 성실하게 감당하는 거야. 말씀을 배워 영적으로 성장하고 삶의 자리에서 주어진 일을 감당하며 전도와 선교로 하나님 나라를 확장하는 것이지.

이런 일들을 충성되게 하는 사람이 바로 하나님의 사람, 하나님의 영에 감동된 사람, 성령 충만한 사람이란다. 요셉이 바로 그런 평가를 받은 사람이야(창 41: 38).

아빠가 너에게 어떻게 살라고 강요할 수 없지만, 또 요셉처럼 우리가 다 완벽한 사람들도 못되지만, 단 하나 인생의 선배로서 네게 말하고 싶은 것이 있다면 물질적 풍요나 외적 성공보다 네가 하나님 나라의 사람으로서 존재와 역할을 찾았으면 하는 거란다.

하나님의 말씀을 삶의 중심에 두고, 하나님이 네게 주신 사명을 따라 행하고, 증인의 삶을 사는 것이 네 인생에서 너무나 중요하니까.

GOD'S CALLING,
HIS BIG PICTURE
FOR YOU

03

사명은 대체 뭘까?

특권을 누리는 삶

　나, 너, 우리 가족, 교회 공동체는 주님이 피 값을 주고 사신 거룩한 공동체란다(고전 6:19-20, 7:22-24). 한마디로 주님 것이라는 의미야. 그래서 우리는 주님을 위해 살아야 해. 인간 창조의 목적, 구원받은 모든 인생의 목적도 주님을 위해 살고 주님을 닮아가는 것이란다.
　여기까지만 보면 하나님이 무슨 독재자 같고 반항심이 들지 모르겠지만, 그분은 자기 목숨보다 소중한 아들을 우리를 위해 내어주신 분이란 사실을 기억해야 해. 만약에 경우 아빠가 누군가를 위해 반드시 내 목숨을 내놓아야 한다면 내놓겠지만 내 자식인 너를 죽게 내놓을 순 없어. 정상적인 부모에게 자기 목숨보다 소중한 것이 자식이란 존재거든. 그렇게 볼 때 누구도 우리를 하나님처럼, 예수님처럼 사랑할 수는 없단다.

주님을 위해 살라고 해서 너의 일상이나 즐거움도 누리지 말고 매일 교회만 매달려 있으라는 말이 아니야. 정상적인 삶을 살되 악한 것들을 멀리하고 먹든지 마시든지 늘 하나님의 영광을 생각하는 구별된 삶을 살라는 거야. 따지고 보면 이런 삶들 역시 결국은 우리를 위한 것이란다.

그럼에도 아빠의 이 말이 네게 얼마나 진심으로 다가갈지 모르겠다. 교회 오래 다닌 어른들도 그렇게 사는 이들이 많지 않으니까. 아빠도 교회 안의 어른으로서 말하기 부끄러운 얘기지만, 한국 교회는 점점 주님만을 위해 사는 것을 말하기보다 세상에서 잘되고 성공하는 것을 중요시하고 있어.

나는 이런 현상들이 주님을 위해 사는 것에 대한 오해가 크기 때문이라고 생삭해. 주님을 위해 사는 것은 고통스러운 일이고, 돈, 명예, 권력, 무병장수 등을 모두 버리고 경멸해야 한다고 생각하곤 해. 그래서 어렵게 느껴지고 피하고 싶게 느껴지니까 강단에서 외치기가 힘들어지는 것 같아.

하지만 주님을 위해 사는 것은 특별히 어려운 것도, 불가능한 것도 아니란다. 스스로 비참함을 선택하는 삶도 아닐 뿐더러 성경에서도 돈, 명예, 권력, 지위, 물질 등은 경멸의 대상이 아니야. 바로 이런 것들에 '지배당하는' 상황이 경멸의 대상인 거지. 이런 것들을 수단으로 삼아 우리를 지배하려는 자가 사탄이고. 우리는 이런 것에 얽매이는 인생을 경멸하고, 이 모든 것들을 예수님이 다스리시도록 힘써야 해. 하나님의 사람의 모든 사명은 바로 여기에 초점을 두는 것이란다.

세상 사람들이 이런 얘길 들으면 우리를 마치 광신도나 하나님의 노예인 양 오해를 해. 믿지 않는 아빠의 친구들도 가끔 그렇게 아빠를 놀리곤 한단다. 네 친구들도 그럴지 모르지. 그런데 그것은 하나님이 어떤 분이신지 1도 모르기 때문이야.

주님을 위해 사는 것은 노예로서의 삶이 아니라 주님과 함께 통치하는 특권을 누리는 삶이란다. 하나님이 천지를 창조하신 후 인간에게 모든 것을 다스리고 지배하라고 하신 사명의 회복이 바로 주님을 위한 삶의 시작이자 끝이야.

우리가 아는 만큼 성령의 능력으로 하나님이 맡기신 사명, 나의 달려갈 길 안에서 이웃에게 사랑의 수고를 해야 한단다. 이것을 두고 세상과의 단절이라고 할 수는 없지 않겠니? 세상으로 부르심을 받고, 다시 세상으로 보내심을 받은 우리는 광야가 아닌 우리 삶의 터전에서 반드시 사명을 감당해야 하는 거야.

나를 향한 하나님의 계획

혹시 사명이란 말이 어렵게 느껴지니? 어쩌면 사명보다 비전이란 말이 네게 더 친숙할까? 사명이든 비전이든, 급식체가 난무한 너와 네 또래들의 언어 세계에서 보면 상당히 이질적인 단어들이긴 해. 먹고살기 바쁜 어른들, 아니 교회 어른들 사이에서도 자주 쓰이진 않으니까. 하지만 하나님의 사람이라면, 그리스도인이라면, 성령의 사람이라면 사명이나 비전이란 말은 반드시 알아야 하고 현실에서 자주 사용해야 한단다.

사명과 비전을 특별히 구별해서 사용할 필요는 없어. 둘 다 비슷한 말인데 다만 사명이 반드시 이루어야 할 중대한 가치이자 임무라면, 비전은 영단어 'vision'에서 보듯이 보는 것, 이미지, 환상 등과 관련이 있어. 사명과 비전은 중대한 임무 속에서 보이고 그려지는 미래상(未來像)이라고 보면 될 것 같아. 물론 이 미래상은 하나님이 기뻐하시는 것이어야 하고.

사명을 하나님 편에서 보면 '사람에게 주신 계획'이라고 할 수 있어. 아빠에게 또 너에게 주신 계획은 창세전인 영원부터 세워져 있다는 거지. 바로 그 계획을 사람의 편에서 보면 '나의 달려갈 길', '하나님께 부여받은 임무'인데, 이것이 곧 사명인 거야.

네가 헷갈리지 않게 아빠가 앞서 말한 하나님의 계획, 사명, 비전의 관계를 간단하게 정리해볼게.

- 하나님의 계획 : 나를 통해 이루려고 영원부터 준비하신 하나님의 뜻.
- 사명 : 하나님이 이 땅에서 내게 맡기신 중대한 임무.
- 비전 : 하나님이 주신 사명을 품고 바라보는 시각적 미래상.

이것도 길게 느껴질 것 같아서 더 간단히 한 줄로 정리해보면 사명이란 '하나님이 가치 있게 여기시는 시대적 소명'이야. 이 문장은 성경구절처럼 네가 암송하고 다녔으면 좋겠다.

걱정과 염려의 대상 바꾸기

너희는 먼저 그의 나라와 그의 의를 구하라 그리하면 이 모든 것을 너희에게 더하시리라(마 6: 33)

이 말씀에서 사명을 말하는 부분이 어디라고 생각하니? 그래. 먼저 그의 나라와 그의 의를 구하는 일이 우리의 사명이야. 우리가 먼저 사명을 따라 살아갈 때 우리에게 필요한 것들을 하나님이 채우실 것이라는 말씀이지. 이 말씀이 정답이라는 것도 알고 이런 삶을 위해 기도도 하는데 대부분의 그리스도인들이 막상 실행에 옮기지는 못해. 왜 그런다고 생각하니? 아빠 생각에는 '염려' 때문인 것 같아. 현재와 미래에 대한 갖가지 염려들 말이야.

이 염려에서 자유로워지지 않으면 사명은 우리와 먼 이야기가 되고 말 거야.

위 말씀은 우리가 염려하는 '현재와 미래에 필요한 것을 어떻게 얻을 수 있을까?' 하는 고민과 질문에 대한 하나님의 대답이기도 해.

하나님의 대답은 두 가지란다.

첫째, "믿으라!"
둘째, "하나님의 나라와 그분의 의를 구하라. 너희에게 필요한 그 무엇보다 먼저!"

믿으려면 당연히 그 대상을 아는 게 먼저겠지? 하나님을 믿으려면 하나님에 대해 먼저 '아는 것'이 가장 중요해. 아빠는 네가 그 어떤 지식보다 하나님을 아는 지식이 풍부하길 기도한단다. 네가 언젠가 왜 하나님은 눈에 보이지 않느냐고 물어본 적이 있었지? 아는 만큼 보인다는 말이 있듯이 네가 하나님을 아는 만큼 하나님이 네게 보일 거야. 어떤 물체처럼 눈에 보인다는 말은 아니지만 하나님이 얼마나 가까이 계신지가 생생하게 느껴질 거야.

하나님을 아는 모든 지식의 원천은 예수 그리스도께 있어. 성경을 통해 그분을 만날 때 네 믿음은 계속 성장해나갈 거야. 성부, 성자, 성령 하나님을 넓게 아는 만큼 믿음도 넓어질 테니까.

믿음이란 하나님이 우리를 어떻게 만드셨고, 어떻게 구원하셨고, 어떻게 변화시키셨는지, 또한 일상에서 어떻게 입히고 먹이시는지, 그리고 어떻게 나를 도우시는지 알아가는 과정이란다. 하나님이 나를 아시듯 우리도 하나님을 알게 되는 거지. 하나님을 알면 알수록 염려는 줄어들게 돼 있어. 바꾸어 말하면 우리에게 여전히 염려가 많은 이유는 하나님에 대해 깊이 알지 못하기 때문인 거야.

큰 믿음은 말도 안 되게 엄청난 것을 달라고 기도하는 배짱 같은 게 아니야. 감정적으로 마인드 컨트롤 하며 '난 할 수 있어'라고 호기를 부리는 것도 아니고. 너의 모든 기도가 응답받고 네가 원하고 바라는 것을 모두 얻었다고 해서 큰 믿음을 얻는 것도 아니야.

믿음의 크기는 감정의 크기가 아니라, 하나님을 얼마나 깊이 알며 그분의 능력과 주권과 뜻을 얼마나 온전히 인정하는가에 달려 있단다.

내 뜻이 이루어지는 것이 아니라 하나님이 원하시는 모든 것이 이루어지기를 바라는 것, 하나님의 나라와 그분의 의가 모두 이루어지기를 바라는 것이 큰 믿음이라 할 수 있어. 그래서 믿음은 범사에 하나님을 인정하는 것이라고 성경은 말한단다. 나에게 좋은 일이 생길 때만 하나님을 인정하는 태도가 아니라 좋고 나쁜 모든 일에 하나님이 계심을 인정하는 거야.

네 나이 때 고민과 염려가 많을 수밖에 없지만 너의 학교 성적 문제든, 친구 관계든, 미래 진로든 모든 것이 네 뜻대로 되지 않아도 너를 계획하시고 인도하시는 하나님을 철저히 신뢰하고 나아간다면 너는 큰 믿음을 소유한 사람인 거야. 앞으로 큰 믿음의 소유자가 될 너에게 아빠가 들려주고 싶은 말씀이 있어.

> 오늘 있다가 내일 아궁이에 던져지는 들풀도 하나님이 이렇게 입히시거든 하물며 너희일까 보냐 믿음이 작은 자들아 그러므로 염려하여 이르기를 무엇을 먹을까 무엇을 마실까 무엇을 입을까 하지 말라 이는 다 이방인들이 구하는 것이라 너희 하늘 아버지께서 이 모든 것이 너희에게 있어야 할 줄을 아시느니라 그런즉 너희는 먼저 그의 나라와 그의 의를 구하라 그리하면 이 모든 것을 너희에게 더하시리라 그러므로 내일 일을 위하여 염려하지 말라 내일 일은 내일이 염려할 것이요 한 날의 괴로움은 그날로 족하니라(마 6:30-34).

예수님이 빈 말 하시는 분이 아니란 거 잘 알지? 이 말씀처럼 네가 염려하지 않아도 하나님은 너를 반드시 입히고 먹이실 거야. 너의 오늘과 내일 무엇이 필요한지 다 아시는 분이니까. 하나님이 판단하시기에 필요한 것은 적절한 때에 다 너에게 주실 거야. 아빠에게 그러셨듯이. 그러니까 너는 그저 하나님의 나라와 그분의 의만 구하면 된단다. 다시 말하지만 너의 일상과 학업을 포기하고 예배만 드리라는 게 아니야. 네가 살아가는 집, 학교, 사회에서의 크고 작은 일상들, 네가 만나는 사람들 속에서 하나님의 나라와 그분의 의를 구하는 행동들을 먼저 하라는 말이야. 그것이 바로 우리에게 주어진 '사명'이니까.

그렇다고 염려라는 감정을 아예 없애버리고 살라는 건 아니야. 걱정과 염려의 대상을 바꾸라는 예수님의 명령이자 부탁이신 거지. '어떻게 해야 돈을 많이 벌까?', '어떻게 해야 좋은 집에 살고 성공할까?'와 같이 세상의 기준에 맞춰서 고민하지 말고 거룩한 것을 위해, 내게 주신 사명을 위해 우리의 염려와 걱정의 에너지를 사용하라는 말씀이야.

그러고 보니 요즘 네 고민이 뭔지 궁금하다. 너와 진지한 얘기도 자주 나누고 싶은데 서로 바쁘다보니 좀처럼 쉽지 않구나. 사람이 너무 힘든 걱정이 생기면 죽을 것 같다는 표현을 하지? 아빠도 그럴 때가 있었는데 너도 그런 적이 있었겠지?

사람들마다 죽음처럼 두려워하는 것들이 있어. 어떤 사람에게는 돈, 어떤 사람에게는 건강, 어떤 사람에게는 학업과 진로…. 이런 염려들의 근원을 쫓아가다 보면 세 가지 염려의 뿌리를 발견하게 되는데 죽음에 대한 두려움, 말씀에 대한 오해, 욕심이 그것이야. 쉽게 너도 다 아는 예를 들어 말해줄게.

아담과 하와를 만드신 후 하나님은 선악과를 먹으면 반드시 죽는다고 말씀하셨어. 그런데 사탄이 "선악과를 따 먹어도 죽지 않아"라고 유혹해오자 하와는 욕심이 생기면서 염려와 갈등에 빠졌들었고 결국 온 인류를 죄악에 빠뜨린 거짓말에 완전히 속아넘어가고 말았지. 그때 반드시 죽는다고 하신 하나님의 말씀을 "죽을까 하노라"로 바꾼 것은 하와의 오해와 욕심에서 비롯된 거야.

야고보서 1장 15절에 "욕심이 잉태한즉 죄를 낳고 죄가 장성한즉 사망을 낳느니라"라고 했듯이 욕심에 눈이 멀면 스스로에게 속는 모순에 빠지게 되는 법이란다.

앞서 말한 세 가지 염려 중 사실 죽음에 대한 염려는 이미 극복되었다고 봐야 해. 예수 그리스도께서 십자가의 고난과 죽음과 부활을 통해 극복하셨거든. 구원받은 사람, 천국에 대한 소망을 가진 사람이라면 죽음에 대한 염려의 뿌리 하나는 이미 완전히 사라진 거야. 우리의 감정이나 확신의 정도와 상관없이.

말씀에 대한 오해에서 비롯된 염려 역시 하나님을 깊이 알게 되면 사라질 것들이란다.

마지막으로 욕심에서 나오는 염려들이 있지. 우리 염려들의 대부분을 차지하는 것들…. 어쩌면 인간의 입장에서 제거되기 가장 어려운 것일지도 몰라. 불교에서는 마음을 비우라고 얘기하는데 기독교는 달라. 죄악 된 본성에서 나오는 욕심을 이길 수 있는 강력한 무기는 내 안에 하나님이 주시는 거룩한 도전으로 채우는 거야. 사명은 우리 각자가 가진 몫의 거룩한 도전이란다. 우리가 사명을 향해 뛰어갈수록 세상의 염려는 점점 사라지게 돼.

반대로 하나님을 알지 못하고 그 말씀에 귀 기울이지도 않고, 사명마저 포기하게 되면 우리는 죽을 때까지 세상의 염려에 시달려야 할 거야.

어부 베드로가 사명을 받던 날

어부였던 베드로는 수많은 날을 물고기를 잡으며 보냈어. 그의 인생에서 평생 잊지 못할 두 날이 있었는데, 그 첫 번째 날이 갈릴리 해변에서 30대 청년을 만난 날이야. 그곳은 게네사렛 호숫가, 또는 티베리아(디베랴) 바다라고 불리기도 해. 성경에서는 호수라 해도 물이 너무 많으면 바다라고 부르거든.

그날 베드로는 배에서 나와 그물을 씻고 있었어. 다른 날과는 달리 밤새 일했지만 물고기를 거의 잡지 못해 낙심한 그에게 한 사람이 다가왔어. '예수'라 불리는 청년이었지. 그는 다짜고짜 배에 올라타더니 몰려든 청중들에게 설교를 할 수 있도록 해변에서 좀 떨어져 달라고 부탁했어.

베드로는 그가 훌륭한 랍비(선생)라는 소문을 알고 있었으므로 그가 무슨 말을 하는지 듣고 싶기도 해서 육지에서 배를 띄웠어. 배 위에서 말씀을 마치신 예수님은 베드로에게 한 가지 명령을 내리셨단다.

깊은 데로 가서 그물을 내려 고기를 잡으라(눅 5:4).

베드로의 입장에서 생각해보면 '30대 초반의 젊은이가 고기잡이를

얼마나 알까?' 하는 생각이 들지 않았을까? 아무리 훌륭한 랍비라고는 하지만 물고기 잡는 일에 있어서는 대대로 어부로 살아온 자신이 한 수 위일 테니까. 더군다나 밤새 그물을 던졌지만 물고기를 잡지 못했으니 그의 말을 들을까 말까 고민했을 거야.

그러나 베드로는 "선생님 우리들이 밤이 새도록 수고하였으되 잡은 것이 없지마는 말씀에 의지하여 내가 그물을 내리리이다"(눅 5:5)라고 대답했어. 베드로의 인생을 바꾼 한마디였지. 요즘 말로 '신의 한 수', 아니 '하나님의 한 수'로, 그의 인생이 바뀌는 순간이었어.

그렇게 예수님의 말씀을 의지해 믿음으로 순종했더니 상상을 뒤엎고 그물이 찢어지도록 물고기가 잡힌 거야. 그 엄청난 물고기들을 보면서 베드로는 직감했을 거야.

'저분은 단순히 랍비가 아니다. 최소한 선지자, 아니면 소문처럼 메시아로 오신 분일지도 모른다'

베드로는 갑자기 두려운 생각이 들어서 곧바로 예수님께 무릎을 꿇었어.

주여 나를 떠나소서 나는 죄인이로소이다(눅 5:8)

무서워 떨고 있는 베드로에게 예수님은 "무서워하지 말라 이제 후로는 네가 사람을 취하리라"(눅 5:10) 하시면서 사명을 주셨고 이날은 어부 베드로의 인생에서 잊지 못할 날이 되었단다.

실패자에게도 사명을 주신다

이번에는 베드로의 인생에서 잊지 못할 두 번째 날에 대한 얘기야. 닭이 울기 전 세 번이나 예수님을 저주한 베드로는 비참함에 통곡했어. 자신의 랍비, 자신의 주인, 자신의 메시아, 하나님의 아들을 저주하고 부인했으니 스스로를 용서할 수 없었을 거야.

예수님의 수제자였던 베드로가 평생 배신자로 전락하는 순간이었지. 그의 현재는 암울했고, 미래는 불투명했어. 베드로는 패배자처럼 모든 것을 포기하고 다시 고향으로 돌아가 어부 생활을 시작했어. 예수님을 따라다니느라 버려두었던 고깃배와 그물을 다시 꺼내 갈릴리 호수 서남쪽에 있는 디베랴 해변으로 걸어간 베드로에게 또 다른 운명의 순간이 다가오게 돼. 그 밤도 몇 년 전 그날과 비슷하게 별로 고기를 잡지 못했어.

그렇게 날이 거의 새고 새벽녘, 체념한 상태에서 해변을 향해 배를 서서히 저어 나가던 베드로에게 낯익은 목소리가 들려왔단다.

"애들아 너희에게 고기가 있느냐"(요 21:5)

베드로뿐만 아니라 도마, 갈릴리 가나 사람 나다나엘, 세베대의 아들들, 또 다른 제자 둘도 동시에 이 소리를 들었어. 그러나 누구도 그분이 예수님이시라고는 생각할 수 없었단다. 예수님은 이미 십자가에서 죽으셨고 무덤에 장사되셨으니까.

그들은 무심코 아무 생각 없이 "없습니다"라고 대답했어. 그러자 "그물을 배 오른편에 던지라 그리하면 잡으리라"(요 21:6)는 말씀이 들려오는 거야.

제자들은 무언가에 홀린 듯 배 오른편에 그물을 던졌는데, 한 번의 시도만으로 그물이 찢어질 만큼 많은 물고기가 잡혔어. 그 순간 베드로와 제자들의 머릿속에 몇 년 전 새벽에 일어났던 사건이 스쳐 지나갔어. 요한은 두렵고 떨리는 목소리로 베드로에게 외쳤단다.

"주님이시다!"

망치로 뒤통수를 얻어맞은 듯한 베드로는 겉옷을 두른 후 냅다 바다 위로 뛰어내렸어. 가룟 유다의 배신, 자신의 저주, 죽음에 던져진 스승을 버려두고 도망친 자신들 때문에 죽었다고 생각했던 예수님이 다시 나타나신 거야. 마리아와 몇몇 여인들이 전한 부활의 소식에 설마설마했는데….

베드로의 뒤를 따라 다른 제자들은 작은 배에 옮겨 탄 뒤 잡은 물고기를 가지고 해변으로 올라왔어. 숯불을 피우고 생선을 굽고 계시던 예수님은 제자들에게 지금 막 잡은 생선을 가져오라고 말씀하셨어. 그리고 친히 물고기를 굽고 떡을 떼어 제자들을 위해 아침 식사를 준비해 주셨단다. 뛸 듯이 반가워해야 할 제자들이었건만 그 누구도 입을 떼지 못한 것은 자신들이 지은 죄 때문이었어. 베드로도 마찬가지였지. 그 어색하고 어찌할 바 모르겠는 상황을 한번 떠올려 봐! 생각만 해도 등에서 식은땀이 흐르지 않니?

그 상황에서 예수님이 베드로에게 세 번이나 연거푸 물으셨던 말이 뭔지 아니?

요한의 아들 시몬아 네가 이 사람들보다 나를 더 사랑하느냐

(요 21:15)

이 세 번의 물으심에 베드로도 세 번 모두 주님을 사랑한다고 고백했어. 세 번의 질문과 대답 가운데 예수님은 베드로를 다시 일으킬 말씀을 주셨어. 무너진 리더십을 다시 세워줄 말씀, 그것은 바로 '사명'이었단다. 몇 년 전, 잊혀지지 않는 그 새벽에 주신 사명을 다시 회복시키신 거야.

사람을 살게 하는 힘, 그것이 사명

베드로를 살린 것은 예수님이었어. 예수님의 베드로에 대한 믿음, 베드로의 예수님에 대한 믿음, 그리고 예수님이 주신 사명…. 그 사명이 베드로를 살린 거야. 주님은 베드로를 사랑했기에 그를 사명자로 회복시켜 주셨고, 베드로도 예수님을 사랑했기에 사명을 다시 붙잡을 수 있었어.

많은 사람들이 실패를 두려워해. 경쟁에 시달리는 너희 세대는 더 그럴지도 모르겠다. 자꾸만 다른 친구들과 비교하고 열등감 속에서 스스로를 실패자로 낙인찍는 네 또래들을 보면 아빠는 참 마음이 아파. 그게 너희 탓만은 아니지. 성공 가능성이 높은 몇몇을 뽑아 집중 양육하는 지금의 교육과 사회 시스템은 정말 문제가 많다고 생각해.

분명히 말하지만 실패는 두려워할 것이 못 돼. 정작 두려워할 것은 실패한 후 나를 일으켜 줄 하나님을 모르는 것, 나를 살아가게 할 사명이 없다는 거란다. 물론 사명이 없을 수도 있어. 실패를 통해 자신의 사명을 발견하는 사람들도 많아.

다만 아빠가 말하고 싶은 것은 마음 가운데 하나님을 소유하고 있고 하나님이 주신 사명이 있는 사람은 언제든지 다시 일어설 수 있다는 거란다. 사람에게 실패는 어쩌면 피할 수 없는 거야. 베드로처럼 하나님의 사람들도 실패할 수 있어. 아빠도 너도 마찬가지야. 네가 혹시 미래에 실패하고 절망하는 일을 겪는다 해도, 네가 주님의 손을 놓지 않는다면, 네 안에 주님이 주신 사명이 숨 쉬고 있다면 너는 언제든 다시 일어날 수 있단다. 왜냐하면 자신을 버리고 저주한 베드로를 끝까지 찾아가셨던 예수님의 사랑이 너와 영원히 함께 있을 테니까.

아직 너의 사명이 무엇인지 분명하지 않지만 아빠는 네가 사명을 찾는 일에 관심을 갖고 좀 더 적극적으로 하나님께 나아갔으면 좋겠어. 하나님 없는 사명은 있을 수 없단다. 그것은 자신만을 위한 꿈이고 욕심이 돼버릴 가능성이 많아.

앞서 아빠가 중요하다고 말했던 내용 기억나니? '사명은 하나님이 가치 있게 여기시는 시대적 소명'이라고 했던 것. 이 말에 집중한다면 네가 사명을 찾는 일이 그리 어려운 일만은 아닐 거라 생각해.

네 앞에는 수많은 길들이 펼쳐져 있고 네가 노력하면 선택할 수 있는 길도 많아. 그 다양한 길들 중 어느 길을 갈 것인가는 네 선택의 기준이 무엇인가에 달려있겠지. 부와 성공이 선택의 기준이라면 너는 돈을 많이 버는 길을 찾아갈 것이고, 여유로움과 안정이 기준이라면 그에 따른 것들을 찾아갈 테지. 지금 말한 것들은 일반적으로 세상 사람들이 선택하는 기준이야. 하나님이 주신 사명이기보다는 이 땅에서의 내 삶의 안정이 더 중요한 사람들의 기준이지.

다시 베드로 이야기를 해볼까?

베드로는 고기잡이 분야에서 전문가였고 어부가 천직이라 생각하며 살았어. 예수님을 만나지 않았다면 계속 물고기를 잡으면서 돈을 벌고 결혼하고 집을 사고 자식을 낳고 살았을 거야. 그게 베드로의 삶의 기준이고 전부였으니까. 그런데 예수님을 만나고 그분이 누구인지 알게 되면서 그는 자신의 사명이 물고기를 낚는 어부가 아니란 것을 알게 되었어.

사람을 낚는 어부, 그러니까 하나님을 알지 못해 죽어가는 사람의 영혼을 살리는 일이 그의 사명이었음을 알게 된 거지.

천직인 어부로서의 안정적인 삶을 모두 버려두고 예수님을 따른다는 것은 베드로에게 있어 정말 큰 도전이고 모험이었단다. 우리는 그것을 순종이라고 부르지.

예수님이 깊은 데로 가서 그물을 내리라 하셨을 때도, "나를 따르라"고 하셨을 때도, 베드로는 그 말에 순종했어. 예수님을 알고 신뢰했기 때문이야.

사명을 찾아가는 네게도 이런 순간들이 올 거야. 선택의 갈림길에 선 것처럼.

그때 아빠는 네가 하나님이 기뻐하시는 길을 선택하는 베드로처럼 도전하고 용기를 내는 사람이기를 기도한단다. 네가 사명을 찾아가는 길에는 아빠와 엄마도 있고, 무엇보다 하나님이 너와 함께 계시니까. 두려워하지 말고 베드로처럼 주님을 신뢰하고 사랑함으로 사명자의 길을 걸어갈 수 있기를 바라.

사명과 함께하는 네 미래는 네 힘과 능력으로 이루어지는 것이 아니라 전적으로 하나님의 도우심이 필요한 하나님의 일이라는 것을 기억하렴. 하나님이 허락하지 않으시면 작은 성도 무너뜨릴 수 없지만, 하나님이 허락하시면 여리고 성처럼 거대한 성도 무너뜨릴 수 있어. 네가 사명을 찾게 된다면 두려워하지 말고 용기를 내렴. 너를 향한 주님의 사랑이 끝까지 너를 인도하고 지켜주실 테니까.

선택이 아닌 필수

"넌, 꿈이 뭐니?"라는 말, 너무 많이 들어봤지? 그럴 때 너는 주로 뭐라고 대답했니? 아이들 대부분은 직업을 말하더구나! "축구선수요", "요리사요", "연예인이요" 이런 식으로.

뭐… "돈 많이 버는 거요", "건물주요"라는 대답보다야 미래에 자기가 갖고 싶은 직업을 말하는 것이 꿈에 더 걸맞을지도 모르겠다만 엄밀히 꿈에 대한 명확한 대답은 아닌 것 같아. 우리나라는 과정보다는 결과물을 중요시하기 때문에 무엇이 됐는가에만 초점을 맞추는 경향이 있어. 하지만 꿈의 정의는 어떤 직업이 아니라 그 직업을 가지고 '어떻게 살아가느냐'까지를 포함한단다.

예를 들면 이런 거지.

"저는 축구선수가 되어 월드컵 대회에 나가는 것이 꿈입니다."

"저는 요리사가 되어 세상의 모든 음식들을 요리해보는 것이 꿈입니다."

"저는 연예인이 되어 사람들을 즐겁게 해주는 것이 꿈입니다."

그렇다면 사명을 가진 사람이라면 어떻게 대답할까? 그보다 먼저 사명에 대해 묻는 사람이 드물다는 것이 좀 안타깝긴 해.

"네 사명은 무엇이니?"라는 질문을 "꿈이 뭐니?"라는 질문만큼이나 생활화한다면 우리가 사명에 대해 고민하는 일도 자연스러워질 텐데 교회 안에서도 그런 질문은 들어볼 수가 없어. 그래서 사명이란 말이 거창해 보이고 부담스럽게 느껴지는 것일지도 몰라. 절대 그렇지 않은데 말이야.

사명은 한마디로 삶이란다. '어떤 모습으로 살아가느냐'인 거지. 좀 더 구체적으로 말하면 예수님을 닮아가는 삶이라고도 할 수 있어.

예수님의 사명은 이 땅에서 하나님이 주신 사람들을 한 명도 잃어버리지 않고 구원하시는 것이었단다. 그래서 죄인들, 약자들, 버림받고 소외된 사람들을 찾아가서 하나님의 말씀을 가르치시고 전도하시고 병을 고쳐주셨지. 예수님은 하나님께로부터 받은 이 모든 사명을 완수하기까지 전적으로 순종하셨어. 십자가가 그것을 증명해 주지 않니?

사명과 순종은 하나의 연결고리라고 할 수 있단다. 사명을 주시는 분이 하나님이시기에 우리도 예수님처럼 그 사명에 순종으로 반응해야 하는 거야.

성경에는 하나님으로부터 다양한 사명을 받고 순종한 사람들의 이야기가 많아. 우리 믿음의 선배들이 어떤 사명을 가지고 살아갔는지 한 번 볼까? 하나님의 부르심, 즉 계획에 따라 사명이 정말 다양하다는 것을 알 수 있을 거야.

노아는 100년 동안 배를 지으면서 죄에 대한 하나님의 심판을 경고하고, 생명을 다음 세대에 전달하는 큰 사명을 수행했어. 요셉은 하나님을 믿지 않는 나라에서 외국인 총리로서 하나님의 백성을 가뭄으로부터 구원하는 정치인의 사명을 감당했지. 모세는 이집트에서 하나님의 백성들의 탈출을 인도하는 지도자의 사명을, 여호수아는 하나님의 백성이 들어갈 땅 가나안을 정복하는 군인의 사명을 감당했어. 느헤미야는 이스라엘 총독으로 무너진 성벽 재건을 이끌었고, 베드로와 바울은 각각 동족과 이방인에게 말씀을 선포하는 사명을 수행했지.

국무총리, 정치인, 군인, 선교사 등 다양한 역할로 그들은 하나님의 뜻과 계획, 즉 그 시대 반드시 필요했던 사명을 수행해나갔어.

지금 이 시대에도 마찬가지야. 많은 사람들이 교사, 정치인, 환경운동가, 의사, 음악가 등 셀 수 없이 다양한 역할로서 하나님이 주신 사명을 감당하고 있단다.

하나님이 이처럼 각기 다른 사명을 주신 이유는, 하나님의 뜻을 이루기 위해서야. 하나님의 뜻은 이 땅 모든 사람들이 하나님을 알고 하나님과의 친밀한 관계 속에서 그분의 사랑을 누리는 것이란다. 죄가 낳은 고통과 어두움 속에서 허우적대고 괴로워하는 모든 사람들이 사랑이신 하나님을 만나는 것. 그것이 우리 사명의 목표라고 할 수 있어.

예전에도 그랬지만 요즈음 힘든 사람들이 너무 많지 않니? 뉴스가 19금이 아닐까 생각되어질 정도로 모질고 악한 소식이 쏟아지는 시대를 우리는 살아가고 있어. 성경에서 예언된 그대로 자기만을 사랑하고, 돈을 사랑하고, 비난하고, 음란하고, 감사하지 않고, 거룩하지 않는 세상을 우리는 매일 만나고 있는 거야. 이런 시대를 올바르게 인식하는 것, 그리고 이 어두운 시대에 하나님의 공의와 사랑을 빛처럼 드러내는 것이 우리에게 주신 하나님의 사명이라고 생각해.

물론 사명에 순종하는 일이 쉽진 않지. 왕따 당하는 친구를 변호하고 위로하다가 너마저도 왕따를 당하는 상황이 올 수도 있고, 누구나 보는 야동이나 누구나 하는 음담패설에 참여하지 않아 바보취급을 당할 수도 있어. 소외당하느니 그들처럼 살겠다고 마음을 정할 수도 있지.

그러나 성경은 사명을 '선택'이라고 말하지 않는단다. 사명은 그리스도인으로서 점점 더 나은 성화로 나아가는 필수적인 조건이야(성화에 대해서는 뒤에서 자세히 더 얘기해줄게).

다시 말하지만 사명은 노아나 모세나 바울 같은 사람들에게만 저절로 주어지는 게 아니야. 그들도 우리와 똑같은 성격과 마음을 가진 보통의 사람들이었어. 박혁거세처럼 알에서 태어났거나 어려서부터 비범했던 사람들이 아니라, 그들도 사람들의 눈치를 보고 잘못을 저지르고 미래를 두려워하던 평범한 사람들이었어. 그런 그들이 사명에 순종할 수 있었던 건 하나님이 어떤 분이신지 분명히 알았고 하나님을 사랑했기 때문이란다. 물론 하나님의 전적인 은혜였지만.

사명은 선택이 아니라 구원받은 모든 크리스천들에게 당연한 것임을 반드시 기억하렴.

시편 23편 6절에 "내가 여호와의 집에 영원히 살리로다"라는 다윗의 고백이 있어. 이것은 "내가 평생을 사명자로 살겠다"라는 고백이야. 자신의 마음과 뜻을 헛된 것에 두지 않고(시 24:4), 주님의 도를 자신의 도로 삼고, 주님의 진리를 자신의 진리로 삼고 가겠다는 고백인 거지. 하나님이 내게 원하시는 가치를 발견하고, 그분의 길에 나의 길을 맞춘다는 선언이기도 해. 아빠가 다윗만큼 하나님을 사랑한다고 말하기는 그렇지만 아빠도 하나님 앞에서 이런 고백들을 드리곤 한단다. 주님 앞에 서는 그날까지 나를 이 땅에 보내신 하나님의 계획, 내게 주신 사명을 잘 감당할 수 있게 해달라고.

너는 어떤 고백을 드리고 있는지 모르겠다. 어떤 고백을 드리든지 하나님은 따뜻하게 네 마음에 귀기울이시는 분이라는 것을 기억하렴. 그리고 노아와 모세와 바울의 하나님이 너의 하나님 되심을….

나를 위한 하나님의 뜻과 계획을 알고 싶다면

사명이 무엇인지 한참 얘기했는데 어느 정도 이해가 되었는지 모르겠다. 다 잊어버려도 하나는 기억하렴. "사명은 너를 향한 하나님의 계획이자 하나님이 가치 있게 여기시는 시대적 소명"이란 것.

그렇다면 하나님이 네게 주신 사명을 어떻게 알 수 있을까? 혹시 벌써 짐작하고 있었니? 그래. 말씀과 기도야. 너무 뻔한 답이라고 생각할지 모르겠다만, 하나님을 알고 그분과 친해지는 데 있어 말씀과 기도 말고 다른 것은 없어.

사명을 알려면, 사명을 주시는 하나님이 어떤 분이신지 먼저 알아야 하니까 말씀을 통해 하나님을 아는 지식을 배워야 하겠지. 이때 성령님은 네가 하나님을 알 수 있도록 깨닫게 해주시는 역할을 하셔. 우리가 성령님의 역사를 따라 말씀을 배우면 하나님을 더 잘 알게 되고, 믿음이 자라나며, 하나님을 향한 사랑과 소망이 깊어지게 되는 거지.

교회를 오래 다녀도 불완전하고 어린아이 같은 믿음에 머무르는 이유는 하나님에 대한 지식이 부족하거나 적합하지 못하기 때문이야. 교회에서 많은 프로그램을 통해 여러 가지를 배우고 있지만, 문제는 바르게 배우지 못한다는 데 있어. 바르게 알지 못하고, 바르게 경험하지 못하면 그 잘못된 지식이 비뚤어진 믿음을 초래하게 되는 거야.

하나님에 대해 알게 되면 그분이 중요하게 생각하시는 세 가지를 발견하게 돼. 성경에도 자주 나오고 그리스도인들이 자주 쓰는 말들이지. 바로 믿음, 소망, 사랑이란다.

이 세 가지가 없으면 사명도 알 수가 없어. 그러면 믿음, 소망, 사랑은 어떻게 생기는 것인지 말해줄게.

성경은 믿음이 들음에서 나고, 들음은 하나님의 말씀에서 난다고 말해(롬 10:17). 하나님을 믿는 믿음은 다른 데서 올 수 없기 때문이야. 알아야 믿을 수 있지 않겠니? 성경은 하나님께로부터 나온, 하나님을 아는 지식이 담긴 특별한 계시의 책이야. 하나님 스스로를 알려주는 특별 계시인 성경은 성령님의 조명을 통해 우리로 하여금 하나님을 제대로 아는 지식에 이르게 해준단다.

예수 그리스도는 하나님을 아는 모든 지식의 원천이 돼. 우리가 예수 그리스도를 만날 때 믿음이 생기고 성장한다는 뜻이야. 믿음의 핵심은 세 가지인데, 첫째는 예수님을 하나님의 아들이라 인정하며 고백하는 것이고(행 3:16), 둘째는 하나님의 사랑 안에 거하는 것(요일 4:15-16), 셋째는 하나님을 깊이 알아가는 거야(눅 12:26-30).

믿음은 하나님이 선물로 주시는 것인데, 그것으로 삶의 현장에서 일어나는 보이지 않는 영적 싸움을 이길 수 있어. 최초의 인간 아담은 자유의지를 잘못 사용해 선에 대한 경험을 상실해 버렸지만, 예수님에 대한 믿음이 생기면 그것을 회복할 수 있게 돼. 또한 선과 악을 분별할 수 있는 능력도 되살아나 하나님 안에서 자신을 개발하고, 세상을 다스릴 수 있는 자격도 회복시킬 수 있어. 모두 믿음이 있어야 가능한 일이란다.

믿음을 통해 하나님을 알면 알수록 그분의 사랑의 깊이도 깨닫게 될 거야. "하나님은 사랑이시라"는 말씀처럼 사랑을 빼놓고는 하나님을 설명할 수가 없단다(요일 4:7-8). 그분의 사랑 안에 거하고 진정한 믿음을 가진 성도는 자연스럽게 사랑의 삶을 살게 되지.

여기서의 사랑은 착한 행동 이상의 개념이야. 비유하자면 영화에서 3D, 4D의 느낌이랄까? 자기 가족, 자기가 좋아하는 사람, 자기한테 잘해주는 사람을 사랑하는 것은 악인들도 다 해. 2D 같은 평면적 사랑이지. 하나님의 사랑은 3D, 4D처럼 전체를 휘어 감는 생생한 사랑이야. 예수님이 하셨던 말씀을 생각해보렴.

"누구든지 너로 억지로 오리를 가게 하면 그 사람과 십리를 같이 가줘라"(마 5:41)

"악한 자를 대적하지 말라 누구든지 네 오른편 뺨을 치거든 왼편도 돌려 대라"(마 5: 39)

"일흔 번씩 일곱 번이라도 용서해라"(마 18:22)

하나님은 반드시 지켜야 할 것들을 십계명으로 우리에게 주셨는데 두 가지로 압축하면 하나님 사랑과 이웃 사랑이야. 여기서 이웃은 악인, 원수까지를 포함한 개념이란다.

성경이 말하는 최고의 사랑은 하나님의 이 계명을 지키는 거야(요일 4:20). 성경은 새 계명의 핵심이 '사랑'이라고 선언하고 있어.

> 우리가 그의 계명[사랑]을 지키면 이로써 우리가 그를 아는 줄로 알 것이요(요일 2:3)

> 그의 말씀을 지키는 자는 하나님의 사랑이 참으로 그 속에서 온전하게 되었나니…(요일 2:5)

사랑은 분명히 하나님을 아는 방법이야. 온전하게 되는 성화의 방법이기도 하고. 이렇게 진정한 믿음과 사랑을 소유한 성도에게 자연

스레 따라오는 게 있어. 바로 소망이란다. 천국, 즉 하나님 나라에 대한 소망. 그 소망이 있다면 하나님을 안다고 할 수 있어.

지금까지 말한 믿음, 소망, 사랑은 예수님의 성품을 닮아가는 삶이 가능하도록 도와줘.

예수님을 믿음으로, 그분처럼 사랑하며 살면서, 하나님 나라를 소망하는 것! 이것이 하나님의 뜻이고 사명을 가진 사람들의 모습이란다.

한 걸음 더 _ ❶

사명자의 삶_ '제자됨'과 '성화'

'성화'란 구원의 기초 위에 세우는 거룩한 삶

요즘은 교회 중고등부와 청년부에서도 제자훈련을 많이 하지? 이런 훈련을 통해 이루려는 것이 있다면 우리 각자의 '제자 됨'의 개념이야. 어른들도 30년 이상 이 훈련을 하지만 제자 됨은 1-2년 받는 훈련이나 자기 노력으로 완성되는 것이 아니라 평생의 도전이자 과제란다. 제자 됨은 흔들리지 않는 구원의 확신으로 자신을 세상과 다른 존재로 재인식하는 것에서 출발해.

마태복음 28장 19~20절을 보면, 제자란 성부와 성자와 성령의 이름으로 세례를 받은 사람을 말한단다. 세례는 죄를 씻고 다시 태어나는 것을 의미해. 옛 사람이 죽고 그 안에 예수님이 사시는 새로운 창조물이 된다는 뜻이지. 그러나 제자 됨은 여기에만 머무르는 것이 아니야. 구원의 확신이라는 기초에 스승의 가르침을 따르고 증거하는 삶의 계승자이자 진리의 증인으로 사는 것이 바로 '제자 됨'이라고 할 수 있어.

더불어 제자 됨은 주 예수님께 받은 사명을 인식하는 과정이야. 인생의 목적이 변화되는 것이며 바울의 고백처럼, 주 예수께 받은 사명을 마치는 날까지 자기 목숨을 조금도 귀하게 여기지 않는(행 20:24) '사명자의 삶'을 사는 것이란다.

성경에서는 인간에게 중요한 두 가지로 '구원'과 '성화'를 말하고 있어. 구원은 '다시 태어남'(중생, born again)을 의미해. 예수 그리스도를 구원자로 영접하고 새로운 존재로 다시 태어나는 거지.

다시 태어남은 하나님이 예수 그리스도께서 그분의 죄 없는 피로 다 이루신 의를 값없이 우리에게 전가해 주시는 것, 우리는 의롭지 못하지만 의로운 존재로 인정해주심으로 가능한 것인데, 이를 '칭의'(稱義)라고 해.

'성화'는 두 가지로 분류하는데 '결정적 성화'와 '점진적 성화'야. 결정적 성화는 우리를 의롭다 선언하시는 바로 그 순간 이루어지는 신분상의 변화이고, 우리가 흔히 거룩한 하나님의 사람으로 구별되고 완성되기 위해 애쓰는 것이 '점진적 성화'야.

크리스천들이 삶 속에서 주로 말하는 성화는 바로 후자인 점진적 성화란다.

우리는 예수님의 십자가로 인해 죄에서 해방이 되고 새로운 존재로 다시 태어났지만 과거 죄인으로서의 옛 습관이 남아 있어. 그 육신에 남은 죄를 죽이는 훈련이 그래서 매일 필요하단다. 그것은 매일 회개함으로 날마다 예수님을 높이고 자기 자신을 부정하는 일이야. 동시에 우리는 새사람의 속성이 나를 온전히 지배하도록 살리는 노력이 필요해. 예수 그리스도의 통치에 내 속사람이 날마다 순종하는 거지.

이렇게 설명하면 더 쉽게 이해가 될까?

왕자와 거지 동화 알지? 왕자와 거지의 신분이 바뀌어서 거지가 왕자가 된 거야. 거지는 왕자의 신분이 되었으니 왕자로서의 품위를 지켜야 하는데, 거지의 습관이 남아서 매일 거지 때처럼 쓰레기통만 뒤지고 땅에 떨어진 음식을 주어먹고 거리에서 자는 거야. 안타까운 일이지. 거지는 왕자로서의 품위를 찾기 위해 매일 훈련함으로써 거지의 습관을 버리는 연습을 해야만 제대로 된 왕자가 되는 거야.

왕자가 되려면, 다시 말해 죄인에서 하나님의 사람이 되려면 하나님을 깊이 알고, 우리의 속을 하나님으로 가득 채워야 한단다. 그런 노력의 열매가 예수 그리스도의 성품을 닮는 결과로 나타날 거야. 때로 실패하더라도 이런 부단한 노력의 반복이 성화로 나아가는 길, 사명을 이루는 제자 됨의 길이란다.

한 걸음 더 _ ❷

특별 계시와 일반 계시

하나님의 구원 계획과 개인을 향한 계획

신약성경에 요한계시록이 있듯이 '계시'라는 말을 많이 들어보았을 거야. 계시란 하나님이 자신을 드러내시는 것인데, 특별 계시와 일반 계시로 나뉜단다.

특별 계시는 하나님이 인류를 구원하시기 위해 특별한 방법, 즉 직접 나타나시거나 우주 만물을 통해, 현실을 초월하는 기적이나 기록된 성경을 통해, 그리고 육신을 입고 오신 메시아 예수님처럼 자신을 드러내시는 것을 말해. 이것은 받아들이면 놀랍고 특별한 은혜이고, 거부하면 아무 소용없는 것이 되지.

우리가 다루는 '사명'은 특별 계시가 아닌 일반 계시의 영역인데, 하나님과 모든 인간의 '일반 관계'에 따른 계시야. 하나님은 일반 계시로도 모든 개개인에게 은혜를 주신단다. 받아들이지 않는 이들도 차별 없이 누리는 일반적 은혜라고 볼 수 있어. 그래서 공중을 나는 새나 들의 백합도 생명을 유지하는 것처럼 악인들이나 주님을 거부하는 사람들도 이런 은혜로 살아가는 거야. 하나님이 심판을 미루시고 인간을 도덕적으로 감화시키시며 인간으로 하여금 진리를 발견하게 하시고, 사회질서를 유지하는 법, 정치, 규범 체계를 형성하게 하시며 문화적 발전과 풍요를 지속시키는 등의 일이 일반적 은혜, 일반 계시야.

하지만 인간의 땅에 죄가 임한 뒤로는 일반 계시와 일반 은혜만으로는 하나님에 대한 완전한 지식을 얻을 수 없기 때문에 특별 계시와의 상호작용이 꼭 필요해. 이 과정에서 성령님의 지혜와 도우심이 꼭 필요하단다.

함께 나누기

1. 미래 인공지능 시대 여러분 자신은 어떤 모습으로 살아가고 있을지 5글자로 표현해볼까요? (예: 로봇과 함께, 우주로 여행 등)

2. 자신의 미래를 생각하다 불안감을 느껴본 적도 있었나요? 왜 그런가요?

3. 하나님을 색깔로 표현한다면 여러분에게 하나님은 어떤 색인가요? 왜 그런가요?

4. 사명이란 무엇인지 빈 칸을 채워보세요.

   사명이란 하나님이 (   ) 여기시는 (   ) 소명이다.

5. 여러분이 사는 이 시대를 바라보며 가장 안타깝게 생각하는 점이 있다면 무엇인가요?

6. 하나님이 이 시대 가치 있게 생각하시는 것에는 무엇이 있을까요?

PART. 2

What
사명을 발견하는
방법

하나님이 가치 있게 여기시는 일을 찾아라
사명자는 자기 시대를 통찰할 수 있어야 한다
소명이 무엇인지 발견하고 훈련하라

**GOD'S CALLING,
HIS BIG PICTURE
FOR YOU**

04

하나님이 가치 있게
여기시는 일을 찾아라

하나님이 사람을 세우시는 5단계 과정

하나님의 사람들이라면 누구나 소망을 하나씩 품게 되는데 하나님께 마음껏 사용되는 영광을 누리는 거란다. 비유하자면 유명하고 존경받는 어떤 감독이 영화를 찍는다고 할 때 단역이라도 그 영화에 출연하고 싶은 배우들의 입장이랄까? 영화 〈어벤저스〉 감독이 너를 배우들 중 한 명으로 캐스팅했다고 생각해봐! 아마 황홀해서 잠도 못자고 친구들에게 몇날 며칠 자랑하고 다니겠지.

배역이 어떻든 너무나 출현하고 싶었던 감독의 영화에 캐스팅되었다는 것만으로도 무한영광일 테니까. 이 거대한 세상과 우주의 감독

자이인 하나님께 캐스팅되는 것은 더 말할 것도 없지 않겠니? 더군다나 하나님께 사용되는 사람 중에 조연이나 단역은 없거든. 하나님은 모두를 주연으로 보시고 사용하시니까.

그렇다면 하나님은 어떻게 사람을 세우고 사용하실까? 결론부터 말하면 '하나님 마음대로'인데 여기에도 원칙이 있어. 총 5단계의 원칙인데 이해하기 쉽게 아브라함의 사례를 통해 알려줄게.

1단계는 '부르심'의 단계야. 하나님이 불러주시지 않는 한 우리는 쓰임 받을 수 없겠지? 하나님은 죄악이 가득한 곳에서 아브라함을 직접 부르셨어. 그리고 새 신분으로 새로운 인생을 시작하게 하셨지. 아빠도 너도 마찬가지야. 하나님이 우리를 구원하시고 부르심으로 새로운 생명, 새로운 신분, 새로운 인생을 주셨어.

부르심 단계에서 가장 중요한 것은 '새로 태어남'(구원)과 '새로운 존재라는 인식', 즉 '나는 누구인가?'의 문제야. 하나님의 부르심을 통해 우리가 전혀 새로운 존재가 되었음을 성경은 증거하고 있어.

> 그런즉 누구든지 그리스도 안에 있으면 새로운 피조물이라 이전 것은 지나갔으니 보라 새 것이 되었도다(고후 5:17)

2단계는 사명 혹은 비전을 보여주시는 단계야. 우리는 흔히 어떤 영적 훈련을 마치고 난 다음 새로운 사명을 얻게 된다고 말하는 경우가 많은데, 성경은 다르게 말해. 하나님은 훈련을 시작하거나 아브라함이 행동하기 전에 사명부터 먼저 알려주셨어.

> 내가 너로 큰 민족을 이루고 네게 복을 주어 네 이름을 창대하게 하리니 너는 복이 될지라… 땅의 모든 족속이 너로 말미암아 복을 얻을 것이라(창 12:2-3)

하나님은 요셉에게도 두 번의 꿈을 통해 사명을 먼저 알려주셨어.

모세도 먼저 가시떨기나무로 부르시고 이스라엘 백성을 이집트에서 탈출시키는 사명을 주셨으며 약속을 보게 하셨지. 다윗에게도 왕으로 등극하기 전, 사무엘을 통해 먼저 사명을 알려주셨고 말이야.

3단계는 '훈련'의 단계야. 하나님은 사명을 주신 후에 그것에 필요한 훈련을 시키셔. 너는 어려서 기억이 별로 없겠지만 2002년 우리나라에서 개최된 월드컵에서 한국이 4강까지 올라가는 기염을 토했거든. 월드컵 본선 티켓도 힘겹게 따내던 우리에게 정말 엄청난 축제였단다. 대표팀 감독이었던 히딩크는 영웅이 되었지. 히딩크 감독이 한국 대표팀 감독직에 부임한 후 가장 먼저 한 일은 선수들의 가슴에 '새로운 사명과 비전'을 심어준 것이야.

"우리는 반드시 16강 이상 올라갈 것이다. 세계를 놀라게 할 엄청난 기적을 일으킬 것이다!"

그 사명과 비전을 현실화하기 위해 선수들은 엄청난 훈련을 했단다. 히딩크 감독은 우리나라 선수들의 약점이 무엇인지 잘 알았고 그것을 극복하기 위해 과학적이면서도 고통스러운 훈련을 계속했어. 그 가운데 사명은 힘든 훈련을 이겨낼 수 있는 결정적 힘이 되었지.

하나님은 너를 그 누구보다, 엄마 아빠보다 심지어 너보다 더 잘 알고 계신단다. 그 하나님이 네게 꼭 맞는 사명을 주시고 훈련해 가

실 거야. 훈련의 강도에 대해서 벌써부터 걱정하지는 마! 그것마저도 너에게 맞춤형으로 주실 테니까.

아브라함, 요셉, 모세, 다윗 등 수많은 하나님의 사람들이 사명을 알고 난 후 뜨거운 가슴과 부푼 꿈을 가지고 이 훈련을 견뎌냈어. 하나님의 사람으로 부끄럽지 않은 사명을 완수할 수 있도록 엄청난 훈련의 시간을 보내면서 계속해서 성장했고, 지도자로 세워져 나갔지.

하나님이 섭리하시는 훈련은 주어진 사명에 따라 차이가 있단다. 아브라함이 믿음의 조상이 되는 데 필요한 훈련을 받았다면, 요셉은 총리로서 나라를 통치하고 이스라엘 민족을 이집트 땅에 안전하게 정착시키는 데 필요한 훈련을 받았어. 사무엘은 이스라엘의 선지자로서 특화된 훈련을, 다윗은 최고의 통일 왕국을 만들고 통치할 수 있는 능력을 훈련받았지.

아까도 언급했지만 사명을 위해 주어지는 훈련은 각자의 환경, 인생, 사명에 '맞춤형'으로 설계된 구체적이고 실제적인 훈련이란다. 훈련이 쉽지는 않지만 미성숙한 우리를 성숙으로 변화시키는 훌륭하고 유일한 도구라는 것을 기억하렴.

4단계는 '사명 재인식' 단계야. 2단계와 비슷해 보이지만 중요한 차이가 있어. 2단계에서는 하나님이 주신 사명을 온전하게 이해하지 못하고, 사명의 완수가 어떤 상태인지 구체적으로 무엇인지 알기 어렵거든. 기껏해야 '사명의 방향성' 정도만 알게 되는 정도지. 하나님은 우리의 연약함을 이해하고 불쌍히 여기시는 분이시기에 훈련을 통해 하나님의 계획, 즉 우리의 사명 속에 섞여 있는 인간적 생각이나 욕망 등을 철저하게 걸러내신단다. 용광로 속에서 불순물은 걸러지고 정제된 철이 나오듯 만들어지는 과정인 거야.

아브라함은 하나님이 주신 사명을 잘못 해석해서 이삭을 기다리지 못하고 자기 생각과 방법대로 이스마엘을 낳았어. 결국 *이스마엘은 이슬람의 뿌리가 되어 오늘날 많은 사람들을 고통에 몰아넣고 있지.

모세는 40년 광야 훈련 전 이집트에서 자기 민족을 구원해야 한다는 사명을 알았어. 하지만 당시 청년 모세의 사명 속에는 자기 생각과 욕심도 함께 담겨 있었던 거야. 하나님은 그런 그를 광야로 인도하신 후 40여년 동안 훈련시키셨어. 그 기간을 통해 모세의 생각과 욕심들을 걸러내심으로 훌륭한 지도자의 역량을 길러주신 거지.

이처럼 하나님은 훈련을 통해 인간적인 생각과 욕심이 다 걷히고 온전히 사명만 드러나도록 이끄신단다. 고통스럽지만 사명을 가진 그리스도인으로서 반드시 필요한 과정이야.

…나를 단련하신 후에는 내가 순금같이 되어 나오리라 (욥 23:10)

마지막 5단계는 '사명(비전) 재생산' 단계란다. 이 단계에서는 두 가지가 일어나는데 먼저는 사명의 완전한 성취야. 너를 부르신 하나님은 네게 주신 사명을 반드시 완수하실 거야. 네 재능이나 노력이 아니라 온전히 하나님이 이루시는 거지. 사명을 받은 사람은 훈련의 과정에서 하나님을 더 알아가고 더 닮아가게 돼. 내가 일을 잘하는 것이 아니라 하나님이 일하시기 편하도록 만들어지는 것이 훈련의 목표이니까.

진정한 사명은 교회에서 임원을 맡거나 주일에 봉사하고 헌신하는 수준으로 그치지 않아. 교회 안이든 밖이든 상관없이 네가 있는 모든 곳이 사명의 장소가 되고, 네가 만나는 모든 사람들이 사명의 대상이 되며 네가 하는 모든 일들이 사명 성취를 위한 일인 거야.

이 수준에 도달하면, 그 다음에는 네가 만나는 사람들이 사명 재생산의 대상, 즉 동역자가 될 거야. "혼자서 이룰 수 있는 꿈은 절대로 큰 꿈이 아니다"라는 말이 있어. 하나님께로부터 온 위대한 사명은 혼자만 품고 있어서는 안 되고, 혼자 이룰 수 있는 것도 아니야. 앞으로 네가 만나는 모든 사람과 합력해 그 사명을 이루어야 해. 이것은 사명이 끊임없이 재생산되어야 하는 이유이기도 하단다.

하나님은 아빠의 사명이 재생산되도록 정말 많은 동역자를 만나게 해주셨어. 모든 만남들이 다 좋진 않았지만 내 생각에 별로였던 만남도 훗날 돌아보면 하나님의 은혜 안에 있었음을 깨닫게 되더구나. 그들을 통해 아빠의 삶이 더 행복했고 풍성해졌음은 두말할 것도 없고.

아빠는 하나님이 네게도 그런 만남의 축복을 주실 거라 믿어. 네가 사명자로 살아가는 동안 선물로 주실 동역자들이 벌써부터 기대가 된단다.

"사명(비전)은 끊임없이 재생산되며 천 년을 산다"라는 말이 있어. 진정한 사명은 한 시대에서 끝나지 않는다는 의미야. 네가 하나님으로부터 받은 사명을 너의 제자, 혹은 너의 다음 세대들이 이어간다는 것이지.

하나님이 아담에게 주신 "땅을 정복하고 다스리라!"라는 명령도 바로 완성되지는 않았어.

이 명령에 대한 사명은 후대를 거치며 계속해서 재생산되고 전승되며 이루어졌지. 자기 때에 이루지 못했다고 사명이 실패한 것이 아니고, 하나님의 계획이 실패한 것도 아니야. 내가 할 일을 잘 마치면 이후로 사명은 재생산되면서 더욱 강력해지고, 많은 시간이 지난 후라도 반드시 그 열매가 나타날 거야.

아빠가 지금까지 말한 '하나님이 사람을 세우시는 5단계'를 한눈에 알아볼 수 있도록 그리면 다음과 같아. 너의 삶을 미래 청사진처럼 이미지화하며 한 단계씩에 대입해보면 이 5단계들이 더 기억에 남을 거라 생각해.

하나님을 만난다는 것

네가 사명을 알고 발견하기 위해서는 하나님이 어떤 분이시진지 알아야 한다고 했던 말 기억하니? 그분을 알기 위해서는 그분과의 만남이 우선이겠지. 구원받은 성도들은 하나님과의 만남을 통해 자기 사명을 깨닫게 되니까 말이야.

너는 하나님을 만난 적이 있니? 이 질문이 당황스러울지도 모르겠다. 하나님을 본 적도 없는데 어떻게 만나느냐고 말할지도 모르지. 그래. 우리는 현재 아브라함이나 바울처럼 하나님을 직접적으로 만날 수는 없어. 그들이 하나님의 음성을 직접 듣고 만날 수 있었던 것은 하나님의 직접적 계시가 완성되기 전이었기 때문이야. 아빠는 그들이 정말 부럽기도 하고 내게도 그렇게 해주시면 좋겠다 생각할 때가 있었단다. 그런데 지금도 아예 불가능한 건 아니야.

계시가 완성된 이후, 하나님은 계시의 책인 성경을 우리에게 주셨거든. 그리고 그 계시를 해석해 주시는 성령님의 감동과 감화를 통해 많은 성도들을 만나주셨어. 이것이 지금 우리가 하나님과 만나는 방법이란다.

이 방법은 아브라함과 바울이 하나님을 대면한 방법보다 결코 못한 것이 아니야. 오히려 이 방법 때문에 우리는 기다리지 않아도 언제 어디서나 하나님과 만날 수 있고 그분의 음성을 들을 수 있어. 전 시대를 통해 계시되고 완성된 성경을 읽고 깨달으면서 아브라함이나 바울보다 더 풍부하게 하나님과의 만남을 누릴 수 있다는 거야. 그리고 그 속에서 각자의 사명을 알게 되고 발견할 수 있어.

만약 누군가 사명을 제대로 깨닫지 못한다면 그것은 성경을 읽고 배우는 데 게으르기 때문이야. 하나님을 힘써 알려고 노력하지 않은 것이지.

> 오라 우리가 여호와께로 돌아가자 …여호와께서 …우리를 일으키시리니 우리가 그의 앞에서 살리라 그러므로 우리가 여호와를 알자 힘써 여호와를 알자(호 6:1-3)

아빠는 네가 이 말씀처럼 하나님을 아는 데 있어 좀 더 간절하길 소망한단다. 네가 하나님을 힘써 알려고 노력한 만큼 네 사명을 좀 더 선명히 알게 될 테니까. 이때 기억해야 할 사실은, 하나님과의 만남을 신비적 체험으로 축소시켜서는 안 된다는 거야. 네 또래들에게 하나님을 언제 만났느냐고 물으면 수련회 때 방언을 하는 등의 신비적 체험을 만남으로 말하곤 하는데, 하나님과의 만남은 엄청난 정성을 기울여야 겨우 한두 번 가능한 그런 일이 아니란다. 언제든지 성경을 펼쳐 집중해서 말씀을 읽고 듣고 기도함으로써 우리는 하나님을 만날 수 있어.

아빠이기 전에 인생의 선배로서 한 가지 안타까운 것은 너희 또래들이 예배 때 스마트폰만 쳐다보고 있거나 자고 있는 거야. 스스로 성경을 읽는 것도 쉽지 않은데 듣는 시간마저 스마트폰에 마음을 빼앗기니 언제 하나님의 말씀을 들을 수 있고 사명을 알 수 있겠니. 이미 고인이 된 스티브 잡스도 이건 아니다 싶을 거야.

네가 예배드리는 모습이 어떤지 모르겠지만 네가 성경을 바르게 가르치는 목회자를 만나 설교에 귀를 기울이고, 인간의 말이 아닌 하나님의 말씀으로 새겼으면 정말 좋겠구나. 아빠도 계속해서 말씀을 읽으며 하나님을 아는 지식에서 더 자라가려고 노력해. 같은 말씀인데도 매일이, 매년이 새롭고 또 다르게 적용되거든. 아무리 많은 사람도, 엄청나게 긴 시간이 흘러도 하나님 말씀이 적용되지 않을 때가 없다는 것은 너무 신기한 일이야. 그것도 정확하게 말이야.

하나님을 아는 지식은 하나님께로부터만 나온단다. 세상과 인간사에서 말씀과 행동으로 자기를 드러내신 하나님의 모든 것이 성경에 기록되어 있어. 다른 모든 특별한 기적과 사건은 성경 말씀의 보조수단에 불과하다는 것을 기억하렴. 성경은 단순한 책이 아니야. 성경에는 큰 능력이 있어서 인류의 모든 사람이 이 책 한 권을 통해 하나님의 존재를 느끼고 자신을 발견하며 바른 길로 돌아올 수 있어. 그 안에 세상 모든 지식과 지혜가 담겨 있는 것은 물론 세상의 시작과 끝, 그리고 그 이후의 일까지 모두 기록돼 있기 때문이야.

사명을 발견하도록 돕는 세 가지 질문

사명을 알기 위한 모든 과정은 네 노력이 아니라 '빈 마음'으로 하나님의 말씀에 귀를 기울이는 것으로 완성해 가야 한단다. 네가 말씀을 읽고 묵상하면서, 성경에 등장하는 믿음의 선조들을 통해 주신 하나님의 음성을 쫓아가다 보면 네게 주시는 하나님의 놀라운 사명을 확실히 잡을 수 있을 거야.

기도도 그 못지않게 중요하지만 성경을 읽는 것이 더 먼저라는 것을 기억하렴. 말씀에 의지할 때 올바른 기도, 성숙한 크리스천의 기도가 나올 수 있거든. 그렇지 않으면 기도가 횡설수설, 중언부언이 되고 말아. 아빠의 경험으로는 성경 말씀에 의지해 기도하면 기도가 힘이 있고 하나님과도 더 친밀해지는 것을 느껴. 그래서 매일 하는 ＊큐티가 정말 중요한 것 같아.

만약 지금 네 앞에 성경이 놓여 있다면 지금 당장이라도 너는 하나님을 만날 준비가 되어 있는 거란다. 네가 말씀을 읽는 동안, 네 안에 계신 성령 하나님이 역사하셔서 '나를 향한 하나님이 기뻐하시는 소원'으로 다가오실 거야. 그것이 각자에게 주어진 사명이란다.

> 너희 안에서 행하시는 이는 하나님이시니 자기의 기쁘신 뜻을 위하여 너희에게 소원을 두고 행하게 하시나니 (빌 2:13)

하나님의 말씀을 읽고 배우기 시작했다면 이제 세 가지의 '사명에 관한 질문'을 던져볼 수 있어. 그보다 먼저 전제가 되는 다음의 다섯 가지 원칙을 있는데 소리 내서 읽어보는 것도 좋을 것 같아.

1. 하나님은 창세전부터 나에 대한 계획을 갖고 계셨다.
2. 하나님의 계획인 사명(비전)은 구원받은 모든 성도에게 예외 없이 주어진다.
3. 구원받은 성도가 부여받은 사명은 개별적이며 시대적이다.
4. 하나님이 나를 향한 계획을 세우시고,
   임무(사명)를 주실 때는 그것을 이룰 수 있는 역량까지도 함께 주신다.
5. 모든 사명은 하나님이 가치 있게 여기시는 것으로 마무리되어야 한다.

사명에 관한 세 질문은 이 5가지 정의를 따라 만들어졌다고 보면 돼. 이제 사명에 관한 질문을 살펴볼 거야. 아빠는 네가 매일 하루를 시작하기 전 거울 앞에 서서 네 모습을 보며 이 세 질문을 소리내서 반복하면 너의 하루하루가 특별해지지 않을까 생각한단다. 오글거려서 어떻게 하느냐고 할지 모르겠다만 아무도 안 보는데 어떠니! 아빠가 만약 네 그런 모습을 본다면 완전 감동일 것 같은데 하나님은 얼마나 더 그러시겠니. 네 간절함과 성실함에 감동하셔서 하나님이 분명 사명을 명확하게 그리도록 도와주실 거야. 자! 한 번 소리내서 읽어볼까?

1. 하나님이 기뻐하시는 '가치'가 무엇인가?
2. 하나님이 내게 살아가도록 하신 '시대 모습'(시대상)은 무엇인가?
3. 하나님이 영원부터 내게 작정하고 명령하신 구체적 '일'(소명)은 무엇인가?

첫 번째 질문 "하나님이 기뻐하시는 가치가 무엇인가?"는 사명을 정하는 데 있어 가장 중요한 질문이란다. 이 질문에 대답하지 못하면, 사명은 개인적이고 세상적인 꿈으로 전락하고 말아.

두 번째 질문도 마찬가지야. "하나님이 내게 살아가도록 하신 시대 모습은 무엇인가?"에 대답하지 못하면 미래를 위한 쓰임새, 시대적 가치와 필요에서 동떨어진 개인적 소원으로 전락하고 말아. 그러면 시대와 상관없이 자신의 안위만을 위해 살아갈 가능성이 높지.

세 번째 질문, "하나님이 영원부터 내게 작정하고 명령하신 구체적 일은 무엇인가?"라는 질문에 대답하지 못하면 행복감이 부족하고, 자신의 역량을 최대한 발휘하기 힘든 꿈으로 전락해버릴 수 있지. 이 역시 결국은 자신의 만족을 추구하는 꿈에 그칠 위험이 있어.

위 세 가지 질문은 하나의 연결고리라고 생각하면 돼. 만약 하나님이 기뻐하시는 가치를 알고 있다고 쳐. 그런데 내가 사는 시대에 그것이 어떤 쓸모가 있는지 모르면 소용이 없는 거야. 또 하나님이 그것과 관련해 내게 뭘 명령하셨는지 모르면 뜻이 아무리 좋아도 무의

미한 일이 돼버려. 한 가지 예를 들어볼까?

아브라함과 바울 같은 사람들의 깨달음과 체험이 소중하다고 해서 우리가 그들과 똑같은 사명을 받을 수는 없어. 우리는 믿음의 후손인데 갑자기 아브라함처럼 믿음의 새로운 조상이 될 수도 없고, 이미 전 세계에 복음이 퍼져 있는데 바울처럼 이방인에게 복음을 처음부터 전하는 사명을 받고 배를 타고 선교를 떠날 필요가 없는 거야. 이미 세상에는 많은 민족이 있고, 완성된 성경이 있고, 인터넷과 비행기도 있으며, 로봇이 바꿔놓을 삶을 말하고 있는데 말이야. 너는 이미 많은 학문과 첨단기술을 배우고 있기도 하고.

결국 이 세 가지 법칙이 실현되려면 개인적이면서도 세계적인 소명, 변치 않으면서도 시대적인 가치를 하나님 안에서 발견해야 해.

하나님의 가치관 '내 마음에 저장!'

다시 말하지만 사명을 '무엇'이 될 것인가에 대한 해답이나 '직업'이라고 생각한다면 잘못 알고 있는 거야. 사명이 직업과 연관성은 있겠지만 단순히 '사명=직업'이라는 등식은 맞지 않단다. 사명이란, 갖고 싶은 것, 되고 싶은 것, 하고 싶은 것보다 훨씬 고귀한 거야.

사명자가 추구해야 할 가치의 평가 기준은 하나님이 기뻐하시는 쓰임새, 하나님이 기뻐하시는 의미와 중요성이야. 한마디로 하나님이 '보시기에 좋았더라' 하실 수 있는 일을 해야 하는 거지. 그 평가 기준은 어디서 찾을 수 있을까? 그렇지. 성경이야. 하나님이 원하시는 가치란 '성경에 나타난 하나님의 뜻(명령)'이라고 보면 돼.

마태복음 20장 15절에 "내 것을 가지고 내 뜻대로 할 것이 아니냐 내가 선하므로 네가 악하게 보느냐"라는 말씀이 나와! 포도원 품꾼들 비유를 하시면서 주신 이 말씀은 중요한 두 가지 사실을 명시하고 있어.

첫째, 온 우주의 모든 것이 다 하나님의 것이라는 사실이야. "만물이 그로 말미암아 지은 바 되었으니 지은 것이 하나도 그가 없이는 된 것이 없느니라"(요 1: 3절)는 말씀만 봐도 알 수 있지. 사명자는 온 우주의 주인이 하나님이심을 잊지 말아야 한단다.

둘째, 온 우주가 하나님의 섭리 안에 있다는 사실이야. 사명자는 자기 자신이나 도덕, 관습, 세상의 법을 가지고 하나님의 기준을 평가해서는 안 돼. 거꾸로 하나님의 뜻을 가지고 그것들이 올바른지 평가해야 한단다.

사명자는 자신이 한 일이 좋은지 아닌지를 자신과 세상의 기준이 아닌 오직 하나님의 기준에서만 평가받을 수 있어. 따라서 사명자가

도전해야 할 가치도 사회가 정해 놓은 윤리, 칭찬, 만족이 아니야. 사명이 완수되었다는 최종 평가도 돈, 명예, 지식, 권력, 일의 크기에 달려 있지 않고, 하나님 나라의 확장에 얼마나 기여했느냐에 달려 있단다. 이 가치에 맞아야 나의 일이 하나님 앞에서 쓸모 있고 중대한 일이라고 평가받을 수 있어. 그래서 우리는 하나님이 성경을 통해 교훈하신 것들을 계속해서 배워야 하는 거야. 하나님의 가치가 우리의 가치관(價値觀)이 되도록.

가치관이란 '인간이 자기를 포함한 세계나 그 속의 어떤 대상에 대해 가지는 평가의 근본적 태도나 관점', '인간이 삶이나 어떤 대상에 대해서 무엇이 좋고 옳고 바람직한 것인지를 판단하는 관점'을 뜻해. 가치관을 바꾼다는 것은 관점, 즉 무언가를 바라보는 방식을 바꾼다는 거야. 나 자신이나 세상의 관점에서 하나님의 관점으로 돌아서는 거지.

진정한 회개는 '돌아섬'이야. 후회하고 눈물 흘리는 것으로 그치는 것이 아니라 방향을 돌려 마음, 생각, 의지, 기준 등 모든 것을 근본적으로 바꾸는 행동이지. 지금의 아빠도 그렇고 너 역시 만약 잘못된 가치관으로 살고 있다면, 하나님의 가치가 우리의 가치관이 되도록 바른 방향으로 돌아서야 해. 가치관은 하나님의 뜻이 내 마음 안에 채워진 결과물이니까.

하나님은 무엇에 가치를 두실까?

하나님의 가치는 곧 하나님의 뜻이야. 성경 전체가 하나님의 뜻이라고 보면 된단다. 그러다 보니 네게도 성경에 대해 자주 말하지 않을 수 없구나!

성경은 우리의 신앙과 임무를 알려주는 오류가 없는 계시이며 유일의 법칙이야. 디모데후서 3장 16절에도 "모든 성경은 하나님의 감동으로 된 것으로 교훈과 책망과 바르게 함과 의로 교육하기에 유익하니"라는 말씀으로 성경이 하나님의 뜻임을 분명히 하고 있어. 물론 피조물인 우리가 다 이해하기에는 난해한 부분들이 있어서 어떤 부분에 있어서는 조심스럽게 접근할 필요도 있어.

성경에 나타난 하나님의 뜻에는 근본정신이 있는데, '거룩함'과 '하나님 사랑'이란다.

세상의 선과 기준은 '인간 사랑'이야. 최대한 많은 사람들의 인권이 가치와 선의 근본정신이지. 하지만 하나님의 뜻은 '하나님 사랑'이 근본이야. '착함'을 뛰어넘은 '거룩함'인 거지. 거룩함은 단순한 고상함 것이 아니라 '구별됨'이란다.

구별됨은 서로 다르다는 것, 누군가와 혹은 무엇과 다름을 뜻해. 우리가 번 돈에서 헌금으로 따로 떼는 것이나 세상의 많은 악한 사람들 사이에서 하나님을 따르기 위해 애쓰면 그것이 '구별됨', 곧 거룩함이라고 할 수 있어. '하나님 사랑'이야말로 우리가 세상이나 악한 마귀의 행동과 다른 가장 중요한 점이란다. 물론 사명자도 이웃을 사랑하고, 인간을 존중하지만 사랑의 출발점이 다르게 구별되어야 해. 인간애, 박애, 평등 수준의 사랑을 뛰어넘는 거룩한 사랑이랄까?

하나님이 명령하신 이웃 사랑은 '이웃을 내 자신처럼' 사랑하는 거야(마 22:39). 인간이 할 수 있는 최고조의 사랑이 바로 나를 사랑하는 것인데 그것과 똑같이 남을 사랑하는 것이지.

하나님이 단순히 권유로 그치지 않으시고 '명령'으로 말씀하신 이유는 이웃에게도 하나님의 모양과 형상이 있기 때문이란다. 구원받은 사람이든 아니든, 심지어 원수라도 하나님이 만드신 피조물이기 때문에 똑같이 사랑하고 용서하는 거야. 내가 좋아서 하는 사랑과 하나님의 형상이 있기 때문에 하는 사랑! 그 출발부터 사랑의 근본 이유와 정신이 다른 것이지.

하나님이 원하시는 가치(뜻)의 또 다른 핵심은 '하나님 나라'야. 하나님 뜻의 근본정신이 사랑이기에 하나님 나라의 통치 원리 역시 사랑이란다. 따라서 하나님의 나라는 하나님이 다스리시고, 사랑이 통치 이념이 되는 나라인 거지.

성경은 하나님 나라를 값어치 있고 가치 있는 '아주 소중한 것'으로 묘사해(눅 15:4-10). 갈라디아서 2장 20절은 내 안에 예수 그리스도께서 사시는 것이 천국의 시작이라고 가르치고 있어. 더 구체적으로 말하면 하나님 나라는 예수 그리스도를 통해서만 들어가는 곳이며, 예수 그리스도의 인격 안에서 하나님이 나, 가정, 세상을 친히 다스리시는 곳인 거야.

성경은 하나님 나라가 이미 임한 하나님의 백성은 '변화'가 일어난다고 말하고 있어. 천국이 시작된 곳에서는 반드시 개인, 가족, 기업, 나라, 세상의 변화가 일어나! 성경이 말하는 변화란 개인, 가족, 기업, 나라, 세상에 하나님의 기준이 적용되어 하나님의 사랑이 나타나는 것인데, 이런 변화는 인간의 능력으로는 불가능하고 오직 성령의 은혜와 역사로만 가능하단다. 그것도 사명을 통해서 말이야.

배고플 때 먹여주는 것

네 사명이 무엇이든 거기에 하나님 뜻(가치)의 근본정신인 사랑이 드러나야 함을 꼭 기억하렴. 사랑은 하나님의 본질이니까(요일 4:16).

네 말과 행동을 비롯한 삶에서, 가정과 학교와 교회에서 사랑이 드러나야 해.

이렇게 말하고 보니 아빠가 좀 찔린다. 내가 먼저 부모와 어른으로서 네게 그런 모습을 보여주었어야 하는데 그러지 못한 부분이 많아서 사실 미안하고 부끄러울 때가 많아. 아빠도 매일 이 사실을 되뇌며 살아갈게. 하나님의 자녀이자 네 아버지로서, 또 사명자로서 사랑을 드러내며 살도록.

사랑을 드러내는 행동을 '사랑의 수고'(살전 1:3)라고 해. 교회 안에서 한 번쯤 들어보지 않았니?

누구를 위한 사랑의 수고냐고 묻는다면, 위로는 하나님, 아래로는 이웃이라고 할 수 있어. 우리가 하나님께 드릴 수 있는 최고의 사랑이 '예배'라면, 이웃에게 줄 수 있는 최고의 사랑은 전도란다. 전도는 생명을 얻는 길을 소개하는 거야. 내가 만난 하나님을 보여주는 일, 내가 만난 예수 그리스도를 증거하는 것이 진정한 사랑의 수고인 거야.

> 어느 때나 하나님을 본 사람이 없으되 만일 우리가 서로 사랑하면 하나님이 우리 안에 거하시고…(요일 4:12)

이 말씀은 사랑이 있는 곳에 하나님이 계신다는 뜻이야. 서로 사랑하는 것이 우리 안에 계신 하나님을 보여주는 방법이라는 뜻이기도 하고. 네가 가족이나 친구에게 사랑의 수고를 하면 그들이 네 안에 계신 하나님을 볼 수 있다는 말이지. 백마디 멋진 말보다 사랑의 수고 한 번이 가장 좋은 전도라는 것을 기억하렴. 그것이 우리의 사명을 완수하는 길이란다.

하나님이 세상을 사랑하사 예수 그리스도를 보내신 것처럼, 예수님이 세상과 자기 백성을 사랑하셔서 십자가에서 못 박혀 죽는 사명을 이루신 것처럼, 우리의 사명 완수도 이웃과 세상을 향해 사랑의 수고를 하는 거야. 성경은 사랑의 수고에 대해 이웃의 필요를 직접적으로 채워주는 것이라고 말한단다. 다음의 말씀이 그것을 구체적으로 말해주고 있어.

> 내가 주릴 때에 너희가 먹을 것을 주었고 목마를 때에 마시게 하였고 나그네 되었을 때에 영접하였고 헐벗었을 때에 옷을 입혔고 병들었을 때에 돌보았고 옥에 갇혔을 때에 와서 보았느니라… 내가 진실로 너희에게 이르노니 너희가 여기 내 형제 중에 지극히 작은 자 하나에게 한 것이 곧 내게 한 것이니라 (마 25:35-40)

우리는 이 말씀을 통해 이웃을 사랑하는 것이 곧 하나님을 사랑하는 것이라는 사실을 알 수 있어. 또한 이웃의 필요를 채워주는 것이 곧 이웃을 사랑하는 것임을. 여기에 한 가지를 더하자면, 하나님 나라를 보존하는 것도 이웃 사랑의 한 방법이야.

"하나님이 그들에게 복을 주시며 하나님이 그들에게 이르시되 생육하고 번성하여 땅에 충만하라, 땅을 정복하라, 바다의 물고기와 하늘의 새와 땅에 움직이는 모든 생물을 다스리라"는 창세기 1장 28절 명령을 따라 '자기에게 주어진 영역'—정치, 경제, 사회, 문화, 기술, 산업, 문화, 교육, 종교 등—을 변화시키고 회복시키는 것이지.

사명자들이 각자의 영역에서 이 명령을 잘 지키면 이웃이 혜택을 입게 되지 않겠니? 네가 앞으로 어느 영역에서 일하게 될지 모르겠지만, 그곳이 어디든 네게 주신 영역을 잘 다스리고 관리함으로써 세상의 필요가 채워지게 될 거야. 갑자기 이런 영화 대사가 생각나는구나!

"그런다고 세상이 변해요?"

아빠의 대답은 "YES"야! 사명자인 너로 인해 세상은 아름답게 변화될 거야.

**GOD'S CALLING,
HIS BIG PICTURE
FOR YOU**

05

사명자는 자기 시대를 통찰할 수 있어야 한다

시대 변화를 꿰뚫어보는 힘, 통찰력

하나님이 기뻐하시는 가치 안에서 이웃, 사회, 시대를 변화시킬 만한 사랑의 수고를 하려면 무엇보다 '통찰력'이 필요하단다. 하나님이 이끌어 가시며 시대가 어떻게 변화하는지 예리하게 관찰하고 꿰뚫어보는 힘 말이야.

하나님이 네게 주신 사명은 100년 전이나, 100년 후의 시대를 겨냥한 것이 아니야. 바로 지금, 그리고 네가 당장 살아갈 미래를 위한 것이지. 그것이 너를 한국에 태어나게 하신 이유이기도 해. 너로 하여금 인공지능, 자율 주행 자동차, 로봇과 우주 탐사, 지구 온난화,

중국이 부상하고 새로운 이슬람 테러가 발발하는 시대인 21세기 지구촌 시대를 살아가게 하신 이유…. 로마가 세계를 지배해 가는 시대에 바울에게 사명이 주어진 것처럼 말이야.

이집트가 전 세계를 지배하던 시대에 요셉은 총리가 되어 조국인 이스라엘 국가 형성의 기틀을 마련해야 했어. 출애굽의 시대에 부름 받은 지도자 모세는 이집트 왕 바로와 싸우고 홍해를 건너야 했으며, 여호수아는 요단강을 가르고 무수한 가나안 민족들과 정복 전쟁을 해야 했지. 베드로는 유대인 동족을 위한 사명을 감당해야 했고, 바울은 이방인을 향한 사명을 위해 로마 시민권을 가지고 태어났어.

이들이 받은 사명은 전부 달랐지만, 공통점은 각 시대에 걸맞은 사명이었다는 사실이야. 그들은 자기 시대 속에서 이루어야 할 하나님의 계획, 즉 자신이 사는 시대 안에서 일어나는 다양한 위기를 극복하고 완수해야 할 하나님의 일을 통찰하고 있었어. 이 점을 꼭 기억하렴. 사명은 시대적이어야 한다는 것을.

하나님이 주신 선물

가끔 미래 시대를 예언하는 듯한 사람들의 발언이 주목받곤 하는

데, 그들은 미래를 실제 알아서 예언하는 걸까? 어느 미래학자는 이렇게 말하더구나.

"미래는 예언할 수 없지만 예측할 수는 있다."

국가 간 경쟁, 기업 간 경쟁에서 미래를 수준 높게 통찰하는 능력을 가진 리더들의 역할은 아주 중요해. 그래서 선진국이나 글로벌 대기업들은 예외 없이 미래 변화를 모니터링하고 예측하는 일을 전담하는 전문 부서를 두고 있어. 이런 것은 모두 통찰력이 필요한 일이거든. 성경적으로도 미래 예측은 '지혜'에 속한단다.

물론 정확하게 미래를 예측하는 것은 불가능해. 그것은 하나님의 영역이니까. 그렇다고 사람이 전혀 알 수 없는 영역은 아니야. 완벽하진 않아도 시대 변화를 예측하고 통찰하는 것은 하나님이 우리에게 주신 능력이야. 심지어 동물도 예측을 한단다. '동물의 왕국' 같은 프로그램을 보면 경험과 직감을 통해 위험을 알아채고 대처하는 모습을 자주 볼 수 있어.

하나님은 인간에게 가장 뛰어난 예측과 통찰 능력을 선물로 주셨단다. 네게도 마찬가지야. 통찰력 하면 너하고는 왠지 거리가 멀 것 같은 느낌을 받을지 모르겠지만, 하나님은 네게도 그런 통찰력을 이미 주셨어. 사실 수학 공식보다 더 중요한 게 시대를 통찰하는 능력인데, 우리의 관심과 훈련이 부족한 탓에 그 부분이 약해져 있을 뿐이야.

현대의 미래학자들은 다양한 분야의 연구 등을 사용해 현재와 비교한 미래의 또 다른 가능성들을 예측해내고 미래의 다양한 가능성들을 추론하고 있어. 이것을 기반으로 요셉처럼 전략적 지혜를 발휘해 다가올 위기를 극복하고, '더 나은 미래'를 만드는 데 이바지하는 것이지. 우리 같은 일반인도 일정 기간 훈련을 받는다면 일부 가능한 일이야. 하나님은 우주를 창조하고 내버려두지 않으셨어. 지금도 자신의 뜻대로 섭리하고 운행하시지. 그렇다고 인간을 하나님이 부리는 기계나 하나의 부품쯤으로 살아가게 하시진 않아. 권력을 쥔 인간들이 약자들을 기계나 부품처럼 함부로 대하는 것을 종종 보지만 하나님은 절대 그러시지 않아. 인격적으로 우리를 정말 사랑하시고 존중해 주시지. 하나님은 인간에게 미래를 예측하고 준비할 수 있는 지혜를 주시고 함께 사역하시는 분이야.

인간의 미래 예측은 무언가 점쟁이처럼 내다보는 것이 아니고, 변화의 흐름을 읽는 것이라고 보면 돼. 그것이 곧 통찰력이기도 하고.

요셉은 이집트에 닥칠 7년의 풍년과 7년의 흉년에는 하나님의 뜻이 있고, 그 일을 속히 이루는 분도 하나님이심을 통찰했어. 그 통찰력을 기반으로 이집트는 살 길을 찾았고, 궁극적으로 요셉의 가족들까지 살릴 수 있었지. 요셉뿐만 아니라 노아, 모세, 여호수아, 느헤미야, 이사야, 예레미야, 에스겔, 호세아, 바울 등 성경에 등장하는 하나님의 사람들은 모두 시대에 대한 냉철한 통찰력을 가진 이들이었어.

이들이 특출한 사람이어서가 아니야. 이들도 우리와 똑같은 성격과 삶을 살아가던 사람들이었어. 다만 하나님을 의지하며 그분의 뜻이 어디에 있는지 늘 기도하던 사람들이었다는 게 다르다면 다를까? 네가 꼭 요셉처럼 지도자가 되지 않아도, 현재 학생의 신분이라 할지라도 하나님의 사람이라면 이처럼 세상의 변화를 읽어내고 하나님의 뜻을 깨닫는 통찰력은 꼭 필요하단다.

　네게 주신 통찰력으로 멀리 내다보며 크고 넓게 생각할 수 있다면 당연히 네게 닥친 오늘의 문제도 해결할 방법을 찾을 수 있을 거야. 멀리 보는 통찰력이 없으면, 반드시 가까운 데 근심이 생기고, 큰일을 이룰 수 없단다. 이것은 성경이 가르치는 지혜일 뿐 아니라 동서고금의 지혜야.

내가 사는 시대의 변화 읽기

　아빠는 네가 시대의 변화에 수동적으로 끌려가는 사람이 아니기를 바란단다. 이 세계가 겉보기엔 똑똑하고 힘센 사람들에 의해 변화된 것 같지만, 모든 세계가 하나님의 말씀에 의해 지어진 것처럼 그 후의 세계 역사의 흐름도 하나님의 철저한 계획과 섭리에 의해 변화되었어. 그리고 그 가운데 순종하며 변화를 주도한 하나님의 사람들이 있단다. 아빠는 하나님께서 동일하게 너를 그렇게 사용하실 거라 믿어. 그러니 너도 먼 얘기로 보지 말고 너의 이야기로 들어줬으면 좋겠다.

　시대를 변화시키는 사명을 감당하려면 변화를 잘 예측한 분석에 귀를 기울여야 해. 그 중에서도 통찰력이 있는 미래학자들을 주목할 필요가 있어. 지금부터 네가 관심을 가져야 할 미래 변화의 가능성들에 대해서 간략하게 예측해볼게.

단, 미래 예측과 시대 변화를 관찰하는 것은 예언이 아니라는 것을 잊지 마! 100% 정확하지는 않다는 말이야. 하나님이 주신 지혜와 정보의 분석에 따라 조금씩 다를 수밖에 없어. 하지만 네 미래와 사명을 설계하는 데 도움이 될 수는 있을 거야.

그러면 미래학자들이 내놓은 2016~2020년, 2016~2035년으로 나누어 단기와 중장기의 미래를 한번 볼까? 네가 2-30대를 보낼 때니까 이 시기는 네게도 아주 중요해. 네가 성장해서의 모습을 상상하면서 보면 감정이입이 더 잘 될 거야.

네게는 익숙하지 않은 분야지만 세계 금융 위기 때문에 2020년경까지는 경제 성장이 더디게 진행될 거야. 하지만 위기는 곧 기회라고, 인류 역사상 가장 커다란 부의 대이동과 성공의 기회가 될 수도 있어. 아시아가 위기에 빠지면 기업들이 합쳐지고, 금융 투자의 기회도 생기겠지.

2020년 이후에는 자동차 산업이 2-3배 이상으로 커질 전망이고, 그보다 더 큰 바이오 생명 산업 시대도 본격적으로 열릴 거야. 전 세계 GDP의 85%를 담당하는 20여 개 국가가 15년 이내에 전부 고령

사회에 진입하기 때문에 이와 관련한 사업들이 크게 시장을 형성할 거야.

전문가들은 2030년이 되면 1인 1가구 로봇 시대가 될 것으로 예측하고 있어. 인간을 닮은 휴머노이드, 입는 로봇, 사이보그 장비, 애완용 로봇, 가사 도우미 로봇 디바이스 등이 가정에서 다양한 역할을 보조할 거야. 또한 앞으로 20-30년 동안 계속해서 인류의 역사를 바꿀 만한 환상적 기술들이 우리를 놀라게 하겠지. 정보기술

(Information Technology, IT), 생명공학 기술(Bio Technology, BT), 나노 기술(Nano Technology, NT), 로봇 기술(Robot Technology, RT), 우주 기술(Space Technology, ST) 등에서 혁신적인 기술들이 일상을 흔들어 놓을 거야.

이 시기에는 네트워킹 컴퓨터, 네트워킹 로봇을 통해 인간 의식과 감성이 기계와 네트워킹되고, 가상현실, 나노 기술, 생명공학 기술, 우주 기술 등의 1차 기술 혁명이 완성되어 인류 역사상 최고로 환상적인 삶의 환경, 꿈같은 생활환경이 마련되는 시대로 진입하게 될 거야.

그렇게 되면 인간의 생명은 100세를 넘어 120세 이상으로 연장되고, 다양한 의학적, 과학적 기술을 통해 인간을 괴롭혔던 질병이 정복되고, 양자역학 기술의 발달로 인간이 물질세계를 거의 지배하는 사회가 시작되고, 석유 같은 화석 에너지로부터 새로운 녹색 에너지의 시대로 이동하고, 다양한 생명공학 기술의 혜택을 통해 기본적인 가난과 굶주림의 문제들을 해결할 수 있는 길이 열리고, 한 마디로 자연과 우주와 인간이 연결되는 놀라운 사회가 만들어지는 거야.

좋은 일들만 벌어질 거라 생각하면 정말 환상적인 세상이지. 그런데 우리의 경험상 지금까지의 발전 과정에서도 안 좋은 현상들이 많이 일어났잖아.

앞서 말한 미래의 변화들이 사람에게 좋기만 할까? 그렇지 않을 거야. 다른 면에서는 인간의 정신적, 영적 불안정감이 증가할 수 있어. 충격적 변화들은 새로운 요구와 충돌을 요구하며 인간에게 극심한 스트레스를 줄 거야. 종교는 사람들에게 신뢰를 잃어 가고, 신비주의적 종교와 이단들이 사람들을 미혹하고, 기술의 진보는 과학기술 자체를 신으로 떠받드는 이들을 만들어낼 수도 있어. 이미 그런 일들이 벌어지고 있고.

고도의 기계화, 영적 불안감 증가, 인간 존재에 대한 근본적 성찰 욕구의 증대, 다양한 세계관의 공존으로 나타나는 혼란과 갈등, 생명 윤리를 둘러싼 갈등, 인공지능으로 통제되는 사회에 대한 불만족 등이 점점 커지는 등 그야말로 기회와 위기의 혼란이 다가올 거야.

아빠는 이때 하나님의 뜻을 펼치는 사명자들의 활약이 너무도 중요하다고 생각해. 첨단 기술이 난무하는 시대에 변함없는 하나님의 말씀으로 살아가는 사명자들의 삶이 계란으로 바위치기 같을지 모르지만, 실제 하나님의 사람들은 계란으로 바위를 칠 수 있는 사람들이란다. 앞선 우리 믿음의 선배들도 그런 사람들이었어. 세상이 감당하지 못했던 사람들…!

요셉은 하나님의 뜻을 통찰하며 위기의 시기를 대비해 긴 시간을 전략적으로 준비해갔어. 우리도 지금부터 그렇게 해야 해. 아빠와 같은 기성세대들은 너를 비롯한 다음세대들이 본격적으로 살아갈 시대를 위해 준비하는 사명자의 삶을 살아야 하겠지. 너희 또래들 역시 그 시대의 중심으로 살아갈 세대로서의 사명을 가져야 할 테고 말이야.

다시 말하지만 내가 살아가는 시대가 어떻게 변하고 있는지를 잘 살펴보렴. 하나님이 인간에게 신기술을 만들 수 있는 지혜를 주셔서 어떤 문명의 발전이 가능하게 하시는지 알아야 해. 네 사명이 그 위에서 펼쳐질 테니까.

나만의 미래 지도 만들기

전에 인터넷에서 인상적인 네 또래의 글을 읽은 적이 있어. 그 아이는 태풍이 부럽대. 이유는 하나, 진로가 정해져 있기 때문이라는 거야. 일기예보에서 기상캐스터가 지도상에 나타난 태풍의 진로를 설명하는 것을 보면서 그런 생각을 한 거지. 진로의 고민이 얼마나 컸으면 태풍을 다 부러워할까 싶더구나. 그런데 우리 각자에게도 예측 가능한 미래 지도가 있다는 거 아니? 물론 하나님만이 아시기에 태풍의 진로처럼 정확할 수는 없지만 우리의 사명을 위한 미래 지도를 직접 만들어볼 수도 있단다.

미래 연구원들에 따르면 신문과 도서를 가지고 시작하는 것이 좋아. 먼저 다양한 신문 기사들과 도서들을 읽고 네 나름대로 중요하다고 생각하는 사건, 이슈들을 스크랩해보는 거야. 처음에는 주관적인 평가로 시작할 수밖에 없지만 이 훈련이 계속되면 균형 있는 시각을 갖추게 될 거야.

그러기 위해서는 '균형 있는 읽기'가 필요해. 내가 좋아하는 내용만 보는 게 아니라 다른 신문이나 책들도 함께 골고루 읽어야 하는 거지. 다른 사람들의 의견까지도 볼 수 있어야 하니까.

다음 단계는 그렇게 스크랩한 정보들을 영역별, 지역별, 시간별로 분류하는 거야. 분류한 정보가 일정 기간 누적되면서 시대의 변화와 흐름을 읽을 수 있거든.

야구선수 박찬호가 이런 말을 했더구나!

"경험이 풍부한 선수가 왜 유리할까? 그 경험을 바탕으로 자신만의 계획을 세울 수 있어서다. … 휴일에 무엇을 할지 계획을 세우지 않는가? 마운드 위에서 어떻게 던질 지에 대한 계획도 갖고 있어야 한다. 어떻게 아웃시킬까라는 계획을 세워야 한다."

네가 미래 지도를 만들면서 시행착오를 거쳐 경험이 쌓이다 보면 너의 미래 지도는 네 미래를 계획하는 데 유용한 도구가 돼 줄 거야.

자, 다시 미래 지도 만들기로 가보자. 정보를 스크랩해 분류한 다음, 세 번째 할 일은 네가 미래에 개인적으로 직면할 상황들을 네 스스로 생각하며 추가해보는 거야. 그리고 '미래 나에게 필요한 것들'을 예상해서 적어보는 거지.

예를 들어, 네가 스크랩한 정보가 '1인 1가구 로봇시대'라는 내용이라면 이 시대 너는 어떤 모습으로 살아가고 있을지, 그때 나에게 필요한 것들을 적어보는 거야.

'나라면 로봇을 살 것인가?', '나는 이 로봇을 어디에 어떻게 활용할 것이다'식의 내용을 적어보는 거지. 처음엔 어렵겠지만 이 또한 경험이 쌓이면 네 미래와 사명을 위해 아주 유용한 작업이 될 거야.

네가 지금 당장 하기에 막막할 수도 있어서 아빠가 너의 미래 지도에 담을 수 있는 상황과 예측되는 결과를 몇 가지만 제시해볼게. 물론 이 중에 너와 관련된 부분이 없을 수도 있지만 네가 직면할 시대이니만큼 읽어보는 것만으로도 나쁘지 않을 거야.

- **2020년까지** : 제1차 3D 프린팅 혁명으로 공장 개인화 시대 시작
- **2025년까지** : 가상 화폐 통용, 금융과 IT가 만나 은행과 금융거래 방식의 다양화
- **2030년까지** : 각종 IT 기술이 발달하면서 가상과 현실의 경계가 파괴되는 제2차 가상 혁명, 인간지능 증강(Intelligence Augmentation,

IA) 등으로 후기 정보화 시대 형성, 인공지능 혁명 시작

- 2018-2023년 : 구부러지는 액정화면 등 플렉서블 디스플레이 (Flexible Display) 범용화
- 2020년 : 일반 컴퓨터보다 최대 1억 배 빠른 양자 컴퓨터 보급 확대
- 2020년 : 로봇 세계 시장 211억 달러 규모 형성
- 2020년 : 게놈 분석, 30달러면 한 시간 안에 가능해짐
- 2020년 : 아프리카 식량 생산량 50% 감소
- 2020년 : 스마트폰 사용자 55-60억 명 돌파, IoT 200억 개 이상 연결
- 2020-2025년 : 3단계 자율 주행 자동차 상용화
- 2020-2030년 : 생활 서비스형 로봇 시장 형성기, 로봇처럼 변해 가는 인간 시대 시작
- 2020-2030년 : 언어 경계 파괴, 대학교 등 교육 기관의 세계적 경계 파괴
- 2022년 : 드론 세계 시장 114억 달러 규모 형성
- 2022년 : 기후 조절 산업 세계 시장 5,000억 달러 규모 형성
- 2022년 : 1961년 대비 지구 평균온도 1도 상승(2070년대까지 3도 상승 가능 전망)

- **2025년** : 옷처럼 입고 다니는 컴퓨터 대중화
- **2025년** : 시속 1,000km 초고속 진공 열차 하이퍼루프 기술 상용화 가능
- **2025-2035년** : 게임과 미디어 산업 경계 파괴
- **2026-2030년** : 4단계 완전 자율 주행 자동차 상용화
- **2027년** : 뇌 분석이 완료되어 뇌 지도 커넥톰(Connectome) 완성
- **2030년** : 스마트 홈 시대 완성
- **2030년** : 가상과 현실의 경계 파괴 완성
- **2030년** : 우주 태양광 발전소 건설
- **2030년** : 자연 에너지(Natural Energy)가 화석 에너지 대비 경쟁 우위 확보
- **2030년** : 가상과 현실이 완전히 융합되는 매트릭스, 가상 영생의 시대 시작
- **2030년** : 뇌 연결 자동차, 비행 자동차 상용화
- **2030년** : 전 세계 사람, 사물, 도시가 연결되는 초연결사회 완성, 지구 컴퓨터화 시대 진입
- **2030년** : 제2차 나노 및 바이오 혁명으로 사회 변화, 물질과 생명 재창조 시대 시작
- **2030년** : 완전 자율, 자발, 자기 통제 로봇 기술 가능, 인간처럼

변화하는 로봇 시대 및 기계 양육 시대 시작

- **2030년** : 생명공학 기술, 나노 기술, 환경 기술, 완전 자율 로봇, 트랜스 휴먼, 인공지능 가상 사회가 결합하며 상호 연결된 초기 테크늄(Technium) 시대 개막과 제4차 산업혁명 시작으로 환상 사회(Fantastic Society) 진입
- **2030-2035년** : 민간 우주 여행 산업 본격 개막(저궤도 우주 여행, 우주 엘리베이터 여행 상업화 가능 시기)
- **2030년** : 극초음속 비행기로 전 세계 2시간 생활권 시대
- **2032년** : 아기 유전자 디자인 가능
- **2033년** : 북극 및 우주 광물 개발 시대
- **2035년** : 인간 노동 70-80% 자동화

다시 강조하지만 이것은 '예언'이 아니기 때문에 정확하지 않아. 미래에 일어날, 관심을 가지고 눈여겨볼 만한 이슈와 사건에 대한 '예측'일 뿐이지. 기입한 연도 역시 '바로 그 시점 즈음'에는 '그 이슈'를 눈여겨보아야 한다는 의미로 어림잡은 구간이야. 어떤 변수가 다른 상황의 전개를 불러올지 모르는 일이니까. 계속해서 눈여겨볼 만한 이슈들이 등장할 때마다 네 스스로 수정하고 최적화하는 작업이 필요할 거야.

아빠의 바람이 있다면 학교나 교회 안에서 자신만의 미래 지도를 만드는 수업과 훈련이 행해졌으면 하는 거란다. 너희 스스로 시작하기는 접근이 쉽지 않을 테니까. 그래서 더 이상 태풍의 진로 같은 것을 부러워하지 않고, 자신감과 계획된 목표를 가지고 너희 세대가 미래를 맞이할 수 있었으면 좋겠어.

**GOD'S CALLING,
HIS BIG PICTURE
FOR YOU**

06

소명이 무엇인지
발견하고 훈련하라

내가 여기에 태어난 이유

네가 사는 시대, 또 살아갈 시대의 변화와 방향을 예측하고 통찰했다면 그 다음으로 할 일은 소명을 발견하는 거란다. 보통 '부르심'(calling)이라고도 하지. 한자로 '부를 소'(召), '명령할 명'(命)인데, 왕이 신하를 불러 구체적으로 내리는 명령이라는 뜻이야. 왕이신 하나님이 나를 불러 명령하신 구체적인 일이라고 할 수 있어. 이 소명은 사명을 발견하는 데 필요한 마지막 부분이란다.

하나님이 내게 명령하신 구체적인 일을 발견하기 위해서는 어떻게 해야 할까? 간단한 방법이 있어. 내게 주신 구체적인 역량이 무엇인지 찾으면 돼. 역량이란 어떤 일을 해낼 수 있는 힘을 말해. 하나님은 우리에게 사명을 주실 뿐만 아니라 그것을 이룰 수 있는 개인적 역량도 함께 주셨어. 그래서 내가 선천적으로 가지고 태어난 역량이 무엇인지, 또 후천적으로 길러진 역량이 무엇인지 파악하는 것은 소명을 찾는 좋은 출발점이 된단다.

이 역량은 내적 역량과 외적 역량으로 나뉘는데 내적 역량은 사명자의 내부에 있는 자원들이야. 예를 들어 인성, 관심사, 추구하는 가치, 생각의 힘, 언어 및 지각 능력, 리더십 등이지.

하나님이 각자에게 주신 사명 완수는 시대적 상황 속에서 이 내적 역량들을 어떻게 적재적소에 사용하느냐에 달려 있어. 우리는 물론 이 역량들을 개발하고 훈련해야 하겠지. 하나님은 네 안에 있는 역량을 활용하셔서 사명을 완수하게 하실 거야.

반면 외적 역량은 외부로부터 얻어지는 자원들이야. 내가 살아온 환경 속에서 만들어온, 또는 앞으로 만들어갈 관계, 사람, 지역 같은 것이지. 아빠와 네가 한국에서 태어난 것은 우리가 한국인으로서 해야 할 임무가 있기 때문이야. 세계화 시대에 태어난 것도 우리의 사명이 한국에서 시작해서 세계 곳곳으로 확장되기를 원하시기 때문이고.

너희 나이 때 비교를 참 많이 하는데, 너의 역량과 다른 사람의 역량을 비교하지 않았으면 좋겠다. 흙수저니 금수저니 하는 말로 불평하고 비교하는 것은 사명자에게는 결코 좋은 일이 아니란다. 하나님이 원하시는 것은 비교가 아니라 나와 다른 역량을 가진 사람들과 협력해서 하나님이 주신 사명을 완수하는 것임을 기억하렴.

우리는 각자 내가 현재와 미래에 만나는 사람, 나의 하는 일이나 직업, 내가 살고 있는 도시나 국가에서 내가 찾고 개발한 내적, 외적 역량을 사용해 하나님 나라의 통치가 흘러가도록 해야 해. 그것이 바로 우리에게 주신 사명이란다.

함께 나누기

1. 우리가 하나님의 얼굴을 직접 볼 수는 없지만 하나님이 나와 함께 계시는 것이 깊이 느껴질 때가 있어요. 우리는 그때를 하나님은 만났다고 표현하지요. 여러분은 하나님을 만난 적이 있나요? 그때 하나님이 어떤 분으로 느껴졌나요?

2. 여러분이 하나님을 만나 인터뷰를 한다면 가장 먼저 묻고 싶은 질문이 무엇인가요?

3. 여러분의 사명을 발견하도록 돕는 세 가지 질문이 있습니다. 정확하지 않아도 좋으니 이 세 가지 질문에 여러분 각자의 생각을 자유롭게 적어보세요.

   - 하나님이 기뻐하시는 가치에는 무엇이 있을까요?

   - 여러분이 느끼기에 지금 내가 살아가고 있는 시대(혹은 환경)의 모습은 어떠한가요?

   - 위 두 질문을 기준으로 여러분의 진로를 고민해 본다면 미래 어떤 일을 하고 싶나요?

4. 위대한 사명자들 중에는 남들보다 힘든 환경 때문에 남들이 품지 못한 사명을 이룬 경우가 많습니다. 여러분의 사명을 키워주고 있는, 현재 겪고 있는 힘든 환경과 단점들은 무엇인가요?

5. 세상의 변화를 예리하게 관찰하고 꿰뚫어보는 통찰력은 하나님이 우리에게 주신 선물이에요. 단지 우리가 관심을 갖지 않았을 뿐이죠. 여러분이 느끼는 세상의 변화에는 어떤 것들이 있나요?

6. 사명에는 사랑의 수고가 뒤따르게 마련이에요. 여러분은 누군가에게서 따뜻한 사랑을 느껴본 적이 있었나요? 반대로 작더라도 그런 사랑의 수고를 해본 경험이 있다면 말해볼까요?

PART. 3

How
사명자 되기
실전 매뉴얼

하나님이 가치 있게 여기시는 일을 찾아라
사명자는 자기 시대를 통찰할 수 있어야 한다
소명이 무엇인지 발견하고 훈련하라

_____

GOD'S CALLING,
HIS BIG PICTURE
FOR YOU

**GOD'S CALLING,
HIS BIG PICTURE
FOR YOU**

07

사명 스케치
— 나를 이해하기

지금까지 사명의 중요성과 개념에 대해 다루었다면, 이 장에서는 네가 사명자로 설 수 있도록 돕는 구체적인 메뉴얼을 소개하려 해. 이것은 미래학자가 운영하고 있는 미래준비학교에서 실제 진행되는 것들이란다. 크리스천을 위한 미래준비학교는 하나님이 가치 있게 여기시는 시대적 소명을 찾고 훈련하고 완수하는 사명자를 세워주는 과정들로 구성되어 있어. 미래준비학교의 진행 단계를 간략하게 정리하면 다음과 같아.

1단계 — **사명을 스케치하기**
2단계 — **사명을 디자인하기**

3단계 ─ 사명을 훈련하고 운영하기

4단계 ─ 사명을 재생산하기

미래준비학교에 입학하면 가장 먼저 '사명(비전) 스케치'를 해. 말 그대로 하나님이 나를 위해 계획하신 사명이 무엇인지 밑그림을 살펴보는 것인데, 나에 대한 이해가 그 시작이란다. 나를 이해하는 데 있어 가장 중요한 것은 바로 자존감이야. 자신을 존중하고 사랑하는 마음인 자존감은 그만큼 삶의 모든 영역에 영향을 준단다. 그런데 아빠가 말하는 자존감은 하나님을 믿지 않는 사람들이 말하는 자존감과 좀 달라. 크리스천은 하나님에게서 자존감을 찾아야 해. 왜냐하면 하나님으로부터 나온 자존감은 결코 흔들리지 않거든. 하나님의 형상대로 나를 창조하시고, 하나뿐인 아들의 목숨을 십자가에 못 박아 죽게 하실 정도로 나를 사랑하신다는 진리의 터 위에 세워진 자존감이 어떻게 흔들릴 수 있겠니? 이 자존감이 흔들리면 사명자로 서기 힘들어. 그러니 꼭 기억하렴. 네 존재가 얼마나 귀하고 소중한지를….

자존감이 잘 세워져 있다면, 내 관심사가 무엇인지를 파악하는 게 필요해.

요즘 네 관심을 끄는 일이 있니? 자꾸 생각나고 마음이 쓰이는 일

말이야. 이성친구 말고, 어떤 일이나 분야가 있는지를 말하는 거야. 예를 들면 방황하는 아이들을 보면 자꾸 마음이 쓰인다든지, 환경오염 문제에 자꾸 관심이 간다든지 하는 것 말이지.

아빠가 아는 어떤 친구는 길거리에서 폐지를 줍는 어르신들에 대한 관심이 있었어. 그 관심이 안타까움이 되고, 왜 그것을 국가가 외면하는지 의분을 품기도 하면서 진정한 의미가 있는 사회복지사가 되고자 마음먹게 된 거야. 그 사명을 품고 지역 복지관에서 봉사 점수를 따면서 대학을 준비했고, 봉사를 하며 표창장도 받았어. 지금

은 대학교 사회복지학과에 입학해 자신의 사명을 스케치하며 훈련하라고 있단다.

성경에 나오는 느헤미야는 황폐한 자신의 조국에 대한 간절한 관심이 있었어. 무너진 예루살렘 성에 대한 관심으로 눈물 마를 날이 없을 정도였지. 하나님은 그의 관절한 관심을 통해 느헤미야의 마음속에 고귀하고 위대한 사명을 만들어 가셨단다. 하나님은 느헤미야를 통해 우리에게 가르쳐주기 원하시는 것은 이런 게 아니실까?

"하나님이 주신 사명은 작은 관심에서 시작된다."

네가 가진 오늘의 작은 관심이 특별한 내일의 사명이 될 수 있어. 이번 기회를 통해 네가 갖고 있는 관심사가 무엇인지 적어보면 좋겠다.

그 다음엔 네 재능이나 역량이 무엇인지 파악하는 것이 중요해. 너의 관심사 중에서 잠재된 재능이나 훈련된 역량이 있는 부분은 사명에 한 걸음 더 가까이 간 영역이거든. 특별히 그 분야에 재능이 없는 것 같더라도 그 관심사가 네 가슴을 오랫동안 뛰게 한다면 훈련을 통해 필요한 역량을 갖추면 돼.

네 관심사와 재능이 일치한다면 그 중에서 '미래에 유망한 것'이 무엇인지 예측해보는 거야. 이것은 선배들이나 전문가의 조언을 들어야 하겠지? 미래준비학교에서 제시하는 '미래 유망성'은 5가지 조건이 있더구나.

1. 미래의 거룩한 영향력
- 내 역할을 통해 하나님의 영향력이 임하는가?

2. 미래의 행복성
- 하나님을 행복하게, 나를 행복하게, 그리고 이웃을 행복하게 하는가?

3. 적절한 수준의 미래 부의 가능성
- 사명을 완수하는데 자원이 얼마나 필요한가?

4. 미래의 지속 가능성
- 계속해서 발전해 나갈 수 있는 것인가?

5. 미래의 경쟁력
- 유행을 따라가는 것이 아닌 선한 영향력을 더 많이 발휘할 수 있는 것인가?

지금까지 살펴본 것처럼 자존감, 관심사, 재능이나 역량, 미래 유망성, 하나님의 가치를 훑어가면서 사명의 기본 방향을 잡아 가는 것이 1단계 사명 스케치 단계야.

**GOD'S CALLING,
HIS BIG PICTURE
FOR YOU**

08

사명 디자인
— 하나님 앞에 머무르기

　사명 스케치 단계가 사명의 씨앗을 뿌리는 작업이라면 사명 디자인 단계는 사명을 자라게 한다고 볼 수 있어. 사명을 자라게 하는 것은 하나님의 말씀과 성령의 역사야. 말씀을 배우고 기도할 때 성령이 역사하셔서 사명도 조금씩 성장한단다. 하나님의 깊은 뜻도 다 아시는 성령님은 나를 향한 하나님의 뜻과 계획을 깨닫게 해주시는 너무 중요한 분이야.

　그래서 이 단계에서는 선택의 기준을 찾기 위해 말씀을 읽거나 묵상, 또는 기도하는 시간을 갖고, 사명을 위한 주도면밀하고 지혜로운 계획과 전략을 세우는 작업이 필요해. 사명을 위해 내가 처한 상황을 분석하고, 예상되는 장애물을 예측해 보고, 사명 완수에 필요한 지혜와 기술을 고민해 보는 일도 해야겠지. 이렇게 진지하게 사명을 디자인하지 않으면 사명은 공상에 그치기 쉽거든. 따라서 매우 중요한 과정이라고 할 수 있어.

이 단계에서 사명 선언문을 작성하게 되는데 네게 도움이 되도록 틀을 가져와봤어. 지금 당장이 아니어도 좋으니 빈 칸에 너의 생각들을 담아 사명 선언문을 작성해 보렴. 우리는 예언처럼 사명을 받지 않기 때문에 처음부터 특정 사명이 내게 주신 정확한 사명이라고 100% 확신할 수 없단다. 그래서 몇 번이고 사명 선언문을 작성해보며 사명을 구체화하는 훈련이 필요해. 시험 치르는 것이 아니니 자유롭게 몇 번이고 선언문을 작성하며 네 사명을 시각화해보렴.

사명의 정의가 '하나님이 가치 있게 여기시는 시대적 소명'이니만큼 하나님 앞에서 뜻과 방법을 구하는 것은 너무도 당연한 일이겠지. 아빠는 이것을 하나님 앞에서 머무르는 시간이라고 말하고 싶어. 머무른다는 것은 말 그대로 멈추는 것이야. 내 미래, 내 사명을 위한 일들이 아무리 급하다 해도 하나님 앞에 멈춰 서서 기도하고 하나님의 뜻을 구하는 일이 가장 먼저고 가장 중요하단다. 성경을 보면 이 시간을 가진 사람과 그렇지 않은 사람의 삶의 모습과 결과가 많이 다르다는 것을 알게 돼.

하루 한 시간만이라도 시간을 내어 홀로 말씀 보고 기도하는 시간

사명 선언문

> 내가 달려갈 길과 주 예수께 받은 사명 곧 하나님의 은혜의 복음을 증언하는 일을 마치려 함에는 나의 생명조차 조금도 귀한 것으로 여기지 아니하노라 (행 20:24)

〔 **Mission 임무** 〕

나 _____은 미래 사회에 나타날 _____ 문제, 결핍을 해결하기 위해 하나님이 내게 주신 _____ _____ 관심과 _____ 재능과 행동 성향, 성격들을 사용하는 직업 또는 일을 통해 한 하나님의 가치가 실현되는 더 나은 사회를 만드는 일에 부름을 받았습니다!

〔 **Purposes 목적들** 〕

이를 성취하기 위해서 다음과 같은 가치, 서비스, 봉사, 기타 활동인 _____ 을 우선적으로 사역하겠습니다.

20 년   월   일

을 한 달만 가져보면 아빠가 말하는 것이 무엇인지 알게 될 거야.

　사명을 완수한 사람들은 늘 하나님의 영에 감동된 사람, 즉 성령이 충만한 사람들이었다는 것을 기억했으면 좋겠다. 그들에게 사명을 주실 뿐만 아니라 사명을 완수해 나갈 지혜와 영감과 판단력, 사람들까지 붙여주신 하나님께서 네게도 그렇게 인도하실 거야.

**GOD'S CALLING,
HIS BIG PICTURE
FOR YOU**

09

사명 훈련- 스펙 쌓기 아닌 마음을 쓰는 능력 기르기

사명을 완수하기 위해서 훈련은 아주 중요하단다. 아브라함은 25년, 요셉은 13년, 모세는 80년간 훈련을 받았어. 이들이 살던 때는 하나님이 직접 훈련하셨지. 학문을 습득하게 하시고, 고난을 받거나 다른 사람 밑에서 종노릇하면서 필요한 기술을 익히게도 하셨어. 지금은 하나님이 직접 하시지는 않고 사람을 통해 하신단다. 하나님이 직접 하시면 왠지 더 힘들 거 같기도 해.

이 시대에 맞는 사명 훈련으로 두 가지가 있는데 그 첫 번째는 하나님, 세상, 나에 대해 깊이 아는 거야. 사명 스케치나 디자인 단계에서 했던 작업인데 심층으로 탐구하는 것이다 보니 좀 더 오랜 시간이 필요해. 이 훈련을 마치고 나면 영적으로 정말 성숙해진단다.

교회는 다니는데 인격이 별로인 사람이 많은데, 이 훈련을 통해 착함을 넘어선 고품격의 사람이 되는 거지. 인격이 성숙하지 못한 사람이 사명을 맡게 되면 하나님을 욕 먹게 하고 많은 사람들을 힘들게 할 테니까. 그래서 자질 훈련도 중요해. 자질 훈련이란 예를 들어 좋은 언어 습관, 성경적이고 건강한 사고 습관, 좋은 관계 등을 형성하기 위한 훈련이야.

두 번째 사명 훈련은 사명을 이루는 데 필요한 재능과 역량을 더 찾고 개발하는 것이야. 내 사명을 계속 되뇌어 보고 기술적 반복 훈련을 통해 관심사를 더 발견하고 기본 자질과 재능을 탁월한 수준까지 개발하는 거지. 더 나아가 실행력도 향상시킬 수 있어.

지금 말하는 것은 소위 요즘의 스펙을 의미하는 게 아니야. 지금 유행하는 스펙(specification)은 변별력을 상실하게 될 거야. 구글 번역기 같은 언어 소통 솔루션의 발달로 인해 외국어 능력도 경쟁력이 떨어질 것이고, 앞으로는 언어 소통보다는 의사소통이, 지식보다는 지혜가, 암기력보다는 이해력이, 매뉴얼보다는 창의력이 경쟁력 있는 실행력이 될 거야. 기술적인 것은 로봇과 인공지능이 다 할 테니, '마음을 쓰는 능력'이 '머리를 쓰는 능력'을 뛰어넘어 가장 필요한 능력으로 요구되는 사회가 오는 거지.

이런 사회가 오면 너희에게 학교가 감옥이 아닌 좀 더 자유로운 곳이 될 수 있을까? 어쨌든 스펙 쌓기에 지칠 대로 지친 너희 세대에게는 좋은 소식이 아닐까 생각해.

GOD'S CALLING,
HIS BIG PICTURE
FOR YOU

10

사명 재생산
— 사명이 또 다른 사명을 낳고

　이 단계는 사명자가 되는 마지막 코스인데, 사명자가 만나는 사람들을 또 다른 사명자로 세우는 단계야. 내가 하나님을 만난 것처럼 다른 사람들이 하나님을 만날 수 있도록 돕는 것, 내가 사명을 찾은 것처럼 다른 사람들이 사명을 찾을 수 있도록 돕는 것이지. 사명자의 삶을 살기 시작하면 누가 시키지 않아도 이 일들을 하게 돼. 혼자서 이룰 수 있는 꿈은 좋은 꿈이라고 볼 수 없듯, 사명도 마찬가지야. 하나님께로부터 온 사명은 혼자만 품고 있으면 안 돼.
　하나님의 사명을 받으신 예수님도 열두 제자를 세우시고 이런 명령을 주셨단다.

"그러므로 너희는 가서 모든 민족을 제자로 삼아 아버지와 아들과 성령의 이름으로 세례를 베풀고 내가 너희에게 분부한 모든 것을 가르쳐 지키게 하라 볼지어다 내가 세상 끝날까지 너희와 항상 함께 있으리라 하시니라"(마 28:19-20).

아빠가 지금의 사명을 가지게 된 것도, 예수님의 이 명령을 따라 먼저 사명자로서 살고 있던 믿음의 선배들로부터 배우고 훈련 받았기 때문이야. 지금 당장 내 눈 앞의 문제 하나 해결하지 못하는데 내가 무슨 사람을 가르치고 세우느냐고 할지 모르겠지만, 아마 훗날 어른이 되어 사명자로 서고 나면 너는 자연스럽게 또 다른 사명자를 세우는 것에 대한 고민을 하게 될 거야. 아빠도 그랬거든. 그런 네 모습을 상상하는 것만으로도 기분이 좋아진다.

지금까지 살펴본 사명자가 되기 위한 매뉴얼이 네가 사명을 찾고 이루는 데 조금이나마 도움이 되었으면 좋겠다. 네가 살아갈 미래는 엄청난 속도로 변화를 거듭해 가겠지만 네가 사명자가 되기까지 이 과정을 성실히 걸어간다면, 미래는 더 이상 두려움도, 혼란도 아닌 하나님 안에서 사명자로서의 해답을 찾아가는 시간이 될 거야.

네 손에 있는 것

어느 대학교에서 자살을 시도한 60여명의 학생들에게 자살 이유를 물어보았어. 그 학생들 중 85%가 "자신의 삶이 무의미하고 목적 없는 것처럼 보였기 때문"이라고 대답했다고 하더구나. 이 대답이 충격적인 것은 비극적 선택을 한 학생들의 93%가 겉으로는 성적도 우수하고 사회적으로도 적극적이었다는 거야. 겉보기엔 멀쩡한데 내면이 공허하고 방향성이 없는 삶이 계속되자 그런 선택을 한 거지. 이 얘기가 더 슬프게 다가오는 건 지금 우리가 사는 현실 속에서도 자주 볼 수 있는 현상이기 때문인 것 같아.

아빠가 사명은 사람을 살리는 힘이라고 했던 말 기억하니? 하나님의 무한한 사랑을 받는 자신의 존재감을 깨달으며, 그 하나님이 주신 사명을 가진 사람은 세상에서 결코 쓰러지지 않는단다. 잠시 흔들릴 수는 있어도 사명이라는 방향이 있는 한 베드로처럼 언제든 다시 일어설 수 있어.

어쩌면 너에게 조금 어려울 수 있고 부담스럽게 다가올 수도 있는 '사명'에 대한 긴 편지를 쓴 이유도 현재와 미래의 그 무엇도 너를 쓰러뜨릴 수 없도록 하기 위함이야. 너와 같은 십대를 훌쩍 지나 제법 나이가 들어버린 아빠에게 있어 하나님과 그분이 주신 사명은 나를 살아가게 한 힘이자, 그래도 행복하다 말할 수 있는 근거니까.

모든 부모의 소원처럼 아빠는 미래의 네가 행복해지길 바라. 하지만 하나님을 벗어난 공허한 행복이 아니라 네가 하나님의 사람으로, 사명자로 쓰임 받으며 충만한 행복을 누리기를 간절히 원해. 하나님께 쓰임 받는 삶처럼 행복하고 감사한 일은 없단다.

보통의 사람들은 사명 하면 선교사나 목사들을 떠올리며 혹시 선교 나가야 하는 거 아닌가 하고 살짝 겁을 먹기도 하는데, 이 편지를 읽은 너라면 사명이 그런 것만이 아니라는 걸 정확히 알았을 거야.

위대한 사명자 모세도 하나님이 사명을 주셨을 때 잔뜩 겁을 먹었어. 사명대로라면 자신이 백성의 리더로 서야 하는데 할 줄 아는 것도 없고, 말도 잘 못하고, 사람들이 자신을 싫어할까봐 두려워서 이런저런 변명만 늘어놓았지. 그러자 하나님이 이런 말씀을 하셨어.

"네 손에 있는 것이 무엇이냐?"(출 4:2)

그가 손에 가지고 있는 것이라곤 돈이나 무기가 아닌 양떼 칠 때 쓰는 지팡이 하나뿐이었어.

"지팡이요."

"그것을 땅에 던져라!"

위대한 사명자 모세의 출발치곤 좀 시시하지 않니? 그런데 하나님은 그 시시한 지팡이를 통해 모세에게 기적을 일으키는 능력을 주셨고 이스라엘 백성을 이집트에서 인도해 내셨어.

모세처럼 너도 질문할 수 있어.

"제가 사명자라구요?"

"제가 어떻게 그 일을 할 수 있나요?"

"전 가진 게 없는데 무엇으로 할 수 있나요?"

하나님은 너에게도 같은 대답을 하실 거야.

"네 손에 있는 것이 무엇이냐?"

십대인 네가 보기에 네가 가지고 있는 것들이 모세의 지팡이처럼 시시해 보일 수 있어. 그런데 하나님은 네가 가지고 있는 그 작은 것들을 사용하셔서 하나님이 가치 있게 여기시는 그 뜻을 반드시 이루실 거야.

너나 네가 가지고 있는 것들을 보지 말고, 그것보다 훨씬 크신 하나님을 바라보며 지금부터 하나님 앞에서 사명을 찾아 길을 떠나보렴.

함 께 나 누 기

1. 자존감이 완성된 수치가 10이라고 했을 때 현재 여러분의 자존감 수치는 몇 점인가요? 그렇게 생각하는 이유가 무엇인가요?

2. 오늘의 작은 관심이 미래의 특별한 사명을 만든다고 했어요. 여러분의 관심과 호기심을 끄는 일에는 무엇이 있나요?
   언제부터 그 관심을 갖게 되었나요?

3. 하나님은 모세의 손에 있는 막대기에 불과한 지팡이를 통해서도 하나님의 위대한 뜻을 이루어가셨어요.
   여러분에게 손에 있는 지팡이, 즉 재능이나 좋아하는 일은 무엇인가요? 그 일을 어떻게 사명과 연결 지을 수 있을까요?

   (예: 제가 한때 꿈도 없고 비뚤어졌던 적이 있었는데 춤을 가르쳐 준 선생님 때문에 꿈도 생기고 좋은 친구들도 생겼어요. 저도 춤 전문가가 돼서 학원을 세우고 저처럼 방황하는 아이들에게 춤을 가르쳐주는 일을 하고 싶어요.)

4. 사명자는 세상이 원하는 것처럼 스펙 좋은 사람이 아니라 마음을 쓰는 능력이 있어야 해요. 좋은 언어 습관, 배려와 건강한 관계를 맺는 것 등이 그것이죠. 사명자로서 내가 바로잡아야 할 생활 습관이 있을까요?

5. 사명을 발견하는 데 있어 기도와 말씀은 가장 중요한 요소랍니다.
   나는 말씀을 읽고 기도하는데 어느 정도의 시간을 할애하고 있나요?

6. 여러분이 사명을 찾는 데 도움을 주고 있는 사람들, 혹은 도움을 줄 수 있는 사람들이 있다면 누구인가요?

사명선언문

너희가 흠이 없고 순전하여……세상에서 그들 가운데 빛들로
나타내며 생명의 말씀을 밝혀 _ 빌 2:15-16

1. 생명을 담겠습니다
만드는 책에 주님 주신 생명을 담겠습니다.
그 책으로 복음을 선포하겠습니다.

2. 말씀을 밝히겠습니다
생명의 근본은 말씀입니다.
말씀을 밝혀 성도와 교회의 성장을 돕겠습니다.

3. 빛이 되겠습니다
시대와 영혼의 어두움을 밝혀 주님 앞으로 이끄는
빛이 되는 책을 만들겠습니다.

4. 순전히 행하겠습니다
책을 만들고 전하는 일과 경영하는 일에 부끄러움이 없는
정직함으로 행하겠습니다.

5. 끝까지 전파하겠습니다
모든 사람에게, 땅 끝까지, 주님 오시는 그날까지
복음을 전하는 사명을 다하겠습니다.

서점 안내

광화문점	서울시 종로구 새문안로 69 구세군회관 1층 02)737-2288(T) 02)737-4623(F)
강남점	서울시 서초구 신반포로 177 반포쇼핑타운 3동 2층 02)595-1211(T) 02)595-3549(F)
구로점	서울시 구로구 시흥대로 577 3층 02)858-8744(T) 02)838-0653(F)
노원점	서울시 노원구 동일로 1366 삼봉빌딩 지하 1층 02)938-7979(T) 02)3391-6169(F)
분당점	경기도 성남시 분당구 황새울로 315 대현빌딩 3층 031)707-5566(T) 031)707-4999(F)
일산점	경기도 고양시 일산서구 중앙로 1391 레이크타운 지하 1층 031)916-8787(T) 031)916-8788(F)
의정부점	경기도 의정부시 청사로47번길 12 성산타워 3층 031)845-0600(T) 031) 852-6930(F)
인터넷서점	www.lifebook.co.kr